司法体制改革研究

张彩旗　著

WUHAN UNIVERSITY PRESS
武汉大学出版社

图书在版编目(CIP)数据

司法体制改革研究/张彩旗著．—武汉：武汉大学出版社，2019.7
ISBN 978-7-307-12556-8

Ⅰ.司…　Ⅱ.张…　Ⅲ.司法制度—体制改革—研究—中国
Ⅳ.D926.04

中国版本图书馆 CIP 数据核字(2018)第 300269 号

责任编辑:林　莉　　　责任校对:李孟潇　　　版式设计:马　佳

出版发行：**武汉大学出版社**　(430072　武昌　珞珈山)
(电子邮箱：cbs22@ whu.edu.cn　网址：www.wdp. com.cn)
印刷：武汉中科兴业印务有限公司
开本:720×1000　1/16　印张:13.5　字数:192 千字　插页:1　插表:5
版次:2019 年 7 月第 1 版　　2019 年 7 月第 1 次印刷
ISBN 978-7-307-12556-8　　定价:68. 00 元

作者简介

张彩旗，男，1973 年 11 月生，河南省西平县人，法学博士，河南财经政法大学法学院副教授，南京师范大学法学院法学博士后研究人员，河南省教育厅法学教学指导委员会委员，河南省教育厅学术技术带头人，河南省法理学研究会理事，河南省宪法学研究会理事，河南省法律文化研究会理事，河南省宪法学研究会学术委员会会员，研究方向为法理学、司法改革、法律方法。

前　　言

我国法院体制改革的目标应该是建立职能全面、审判独立、公平正义、富有效率、机构合理、人员精简、素质优良、适合我国国情的人民法院体制，以适应社会主义法治建设的需要。在这个目标之下，首先要求这种体制功能完备，要在民事、经济、刑事以及行政等各个领域具备全面的审判功能，同时还应该保持在结构上的科学性；法院体制改革作为国家政治生活中重要内容，要符合中国国情，要具有独立审判保障机制和高度的司法权威性，要体现依法治国精神；最好还要具备高效和自我约束的特点，使司法真正成为维护社会正义的最后一道屏障。

在现有条件下，法院体制改革仍然困难重重。法院体制改革的工程浩大，所涉及方方面面内容多、范围广，体制内部对待改革的意见不一致，导致推行的阻力大。尽管如此，在法院体制改革过程中有一些问题是不能回避的，否则将加大改革的难度：如何正确反思并认识体制改革的必要性，包括对现有体制弊端的认识和对法院体制科学化的理解，未来法院体制改革的目标以及路径等问题也亟待明确。本书从对上述问题的思考开始，逐步从审判体制、组织体制、执行体制、办案责任制和法官员额制等方面着眼，提出了改革我国法院体制改革的思路，并尝试基于以上方面构建中国法院体制改革的新路径。

第一章首先辨析了体制、司法体制和法院体制的基本内涵。其次，从历史的角度，对中国法院体制进行深入而系统的研究。然后，探讨了中国法院现行体制存在的问题，并将存在的问题总结如下：权利归属问题，表现为法院权利地方化；管理制度问题，主要表现为人员管理过度行政化；领导体制多元化问题、决策权利的集中化问题和资金来源管理问题等。

第二章着重对中国法院体制改革的价值目标进行了阐释。首先是始终坚持对公平正义这一永恒主题的追求，并且将之作为中国法院体制改革的一项基本前提，这是司法体制存在最根本的价值取向。其次是坚持以人为本，在现代社会，忽视人权就会失去群众基础，社会主义国家的法院体制改革也必须坚持以人为本，才能在改革过程中做到公平正义，才能获得最广泛的群众支持。最后是确保司法的权威高效，没有权威性，公平正义和以人为本将得不到保障，失去了高效，同样会导致司法资源的浪费，兼备权威性与高效性，中国司法体制才能真正体现其核心价值。

第三章探究我国审判体制改革的思路，审判机关是国家提供的解决社会各种纠纷的一种机制，用于定分止争、惩奸除恶，审判机关的组织和设置以及审判制度的建构和调整，对于国家的这一机制能否圆满完成其预期的任务、发挥预期的功能、达到预期的目的，有着举足轻重的作用。并从侦查、起诉等环节着重论述了“以审判为中心”的审判模式，强调在上述环节的执行都必须以审判为中心，并且实际工作中一些不能与之相适应的工作习惯、工作制度都要进行相应的调整，只有明确了工作中心，才能在工作中做到事半功倍，在这样的思想指导下，我国法院体制改革才能更加高效。同时，除了我们对自身体制的不断调适，还需要积极借鉴西方法治工作的先进经验，作为我国法院体制改革的有益补充。

第四章研究中国法院审判组织改革路径。首先分析我国法院的法官员额制改革，推行法官员额制是实现法官职业化的前提条件，也是当前法院改革的重要突破口。而推行法官员额制无法回避的核心问题是如何科学合理地确定法官员额。所谓法官员额，即法官人数编制的限额。本章结合新一轮司法改革的目标，以某市法院民事审判数据为样本，综合运用统计学、人力资源管理等多元研究方法，探索构建较为科学合理的法官员额评估模型，以期为当前的司法改革工作提供有益的研究思路，为法官员额制的最终确立和顺利推行夯筑牢固基石。我国法院审判组织包括审判委员会、合议庭和独任审判员。合议庭制度改革未能完全实现所追求的独立、公平、民主、专业的让审理者裁判、由裁判者负责的目标，审者不判、判者不审等审判行政化以及合而不议、陪而不审等合议庭形合实独、权责不明等问题依然普遍。因此，如何结合我国法院的改革实践，探讨出一些我国合议庭制度改革的建议就显得尤为重要。

第五章在综合前几章对中国法院体制改革理论研究的基础上，提出了我国法院执行体制改革路径的思考，法院执行体制主要包括刑事、民事和行政执行三个部分的内容，并且这三个部分的内容在发展过程上具有不同步性。具体来讲，在法院执行体制中，执行权在逐渐分化，目前行政执行和民事执行仍然占据主导地位，其中民事裁判的强制执行只能由法院行使，刑事执行也是重要内容。审判和执行一体化到审执分离、上下级执行机构从独立到统一的过程都是法院执行体制改革的一个趋势。

第六章探究中国法院办案责任制的改革完善，法官责任制度是法官制度的一个重要组成部分，我国现行的法官责任制度为规范司法、强化法官素质发挥了很大作用，但经过多年的探索和发展也引发了诸多问题。其责任认定不明确、责任划分不公平、重实体责任轻程序责任、缺乏豁免制度的弊端引起学界和实务界的广泛批评。围绕现行法官责任制存在的问题，本章首先阐述了国外法官责任制情况，然后依次对主审法官责任制、合议庭办案责任制、审委会办案责任制的改革路径进行了论述。

第七章论述价值导向方法在我国司法实践中的运用，价值导向方法是以价值为导向的方法，而司法中的价值导向方法，指的是将作为导向性的价值标准明确为反映在制定法和制定法所蕴涵的价值观念，并运用价值思维进行司法活动的一种方法。自从拉伦茨提出关于价值导向的思考发展出的方法以来，对价值导向方法尚无充分系统的理论阐述，在我国的司法实践活动中，由于对价值导向方法认识上的不足，法官在司法活动中不能运用价值思维正确地思考法律规范中的价值判断。司法中的价值导向方法坚持以制定法和制定法所蕴涵的价值为导向，要求法官在司法活动中运用价值思维认定案件事实、选择和解释适用的法律规范。只有这样，才能够使法官对具体案件的各种判断符合司法认知的规律。

目　录

引论…………………………………………………………………………… 1
一、研究背景与意义…………………………………………………………… 1
二、研究现状述评……………………………………………………………… 3
三、研究方法 ………………………………………………………………… 11
四、创新之处 ………………………………………………………………… 12
五、基本框架 ………………………………………………………………… 14

第一章　中国法院体制的历史、现状与问题 …………………………… 16
第一节　体制、司法体制与法院体制的基本内涵 ……………………… 16
一、体制的基本内涵 ………………………………………………………… 16
二、司法体制的基本内涵 …………………………………………………… 17
三、法院体制的基本内涵 …………………………………………………… 19
第二节　中国法院体制的发展历程 ………………………………………… 21
一、初创期 …………………………………………………………………… 21
二、曲折期 …………………………………………………………………… 23
三、恢复重建期 ……………………………………………………………… 24
四、改革发展期 ……………………………………………………………… 26
五、小结 ……………………………………………………………………… 27
第三节　中国法院现行体制存在的主要问题及对策 ……………………… 28
一、法院权力地方化 ………………………………………………………… 29
二、法院人员管理行政化 …………………………………………………… 32
三、法院领导体制多元化 …………………………………………………… 36
四、法院决策集权化 ………………………………………………………… 38
五、法院经费来源多样化 …………………………………………………… 39

第二章　中国法院体制改革的价值定位 …………………………… 42
第一节　司法正义 ……………………………………………………… 42
第二节　保障人权 ……………………………………………………… 44
第三节　司法效率 ……………………………………………………… 46
第四节　审判独立 ……………………………………………………… 47
一、独立审判是实现法律价值——公正的保障 …………… 47
二、独立审判是实现依法治国方略的重要手段 …………… 48

第三章　中国法院审判体制改革路径 ………………………………… 50
第一节　中国法院审判体制改革的思路 …………………………… 50
一、我国法院审判体制改革的目标 ……………………………… 51
二、我国法院审判体制改革的途径 ……………………………… 51
三、我国法院审判体制改革应当重点解决的两大问题 …… 52
第二节　中国法院审判模式的改革 ………………………………… 54
一、古代纠问式审判模式 ………………………………………… 54
二、我国近现代以来的审判模式 ………………………………… 55
三、我国审判方式的改革取向 …………………………………… 55
四、我国法院审判模式存在的问题 ……………………………… 56
五、我国法院审判模式的再改革 ………………………………… 58
第三节　建立以审判为中心的审判模式 …………………………… 60
一、以审判为中心诉讼制度改革的价值目标 ………………… 61
二、以审判为中心诉讼制度改革的落实 ……………………… 61
第四节　法院审级制度改革 ………………………………………… 64
一、我国审级制度的历史演变及实行两审终审的理由 …… 64
二、两审终审制的弊端及改革 …………………………………… 65
三、实行三审终审制的可行性和必要性 ……………………… 67
四、实行三审终审制的意义 ……………………………………… 68
五、建立符合我国国情的三审终审制度 ……………………… 70

第四章　中国法院组织体制改革路径 ………………………………… 72
第一节　法院法官员额的编制 ……………………………………… 72

一、关于法官员额制 …………………………………………… 72
二、法官员额编制的规划思路 ………………………………… 74
第二节 合议庭改革 ……………………………………………… 77
一、合议庭改革的背景 ………………………………………… 78
二、我国法院合议庭改革地方探索模式的比较 ……………… 81
三、我国合议庭改革的建议 …………………………………… 84
第三节 审委会改革——以Z市中院为样本 …………………… 97
一、审判委员会制度简介及改革 ……………………………… 97
二、Z市法院审判委员会工作基本情况 ……………………… 101
三、审委会存在问题及原因…………………………………… 105
四、审委会改革建议…………………………………………… 109
第四节 最高人民法院巡回法庭制度改革探索………………… 111
一、深圳等地试点设立最高人民法院巡回法庭……………… 112
二、最高人民法院巡回法庭的特点…………………………… 112
三、最高人民法院巡回法庭设置的意义……………………… 114
第五节 跨行政区法院改革研究………………………………… 114
一、上海等地试点跨行政区划设立人民法院………………… 114
二、跨行政区划设立人民法院的法治意义…………………… 115

第五章 中国法院执行体制改革路径…………………………… 119
第一节 中国法院执行体制的构成……………………………… 119
一、刑事执行体制……………………………………………… 120
二、民事执行体制……………………………………………… 122
三、行政执行体制……………………………………………… 123
第二节 中国法院执行体制存在的问题及其原因分析……… 124
一、中国法院执行体制存在的问题…………………………… 124
二、中国法院执行体制存在问题的原因分析………………… 128
第三节 中国法院执行体制改革路径建议……………………… 129
一、实行审、执分离…………………………………………… 129
二、设立大执行区，去执行行政化和地方化………………… 130
三、完善立法，尽快制定出台《强制执行法》 ……………… 131

四、运用法治思维，改善执行环境，强化执行措施……… 133

第六章　中国法院办案责任制的改革路径……………………… 135
第一节　国外法官责任制概况……………………………………… 135
一、国外法官责任的范围………………………………………… 137
二、其他国家追究法官责任的机构和程序……………………… 140
第二节　主审法官责任制…………………………………………… 144
一、我国法律中追究法官责任的法律依据……………………… 144
二、我国古代法官责任制考查…………………………………… 146
三、现行法官责任制的实践探索………………………………… 148
四、法官责任制的实践困境……………………………………… 148
五、主审法官责任制度重构……………………………………… 150
第三节　合议庭办案责任制………………………………………… 154
一、合议庭责任的司法现状……………………………………… 155
二、合议庭办案责任制的改革方向……………………………… 158
第四节　审委会办案责任制………………………………………… 161
一、问题核心：责任缺失………………………………………… 161
二、主要弊端：效用落差………………………………………… 162
三、改革重点：责任构建………………………………………… 163

第七章　价值导向方法在我国司法实践中的运用……………… 165
第一节　司法中的价值导向方法的定义…………………………… 166
第二节　问题的引出：以对“闹讼”的处理为例　……………… 167
第三节　运用价值导向方法对我国司法现状的分析……………… 168
第四节　运用价值导向方法对我国司法问题的解决……………… 169

结语……………………………………………………………… 176
参考文献………………………………………………………… 178
附表 1　某市民事审判人力资源配置情况调查表 ……………… 202
附表 2　某市 18 个基层法院民事审判情况调查统计表

引　论

一、研究背景与意义

我国法院体制从建立到不断发展，自始至终是伴随着中国政治体制的发展而进行的，这些变化也都是以服务当时政治发展为需要的。1931年，在中国共产党瑞金红色政权，我国法院体制也相应地创建了，之后根据战争的需要，法院体制也经历了从党政军(法)合一再到中华人民共和国成立初期的政法不分，再到后来的党内审批，以及文化大革命中的被砸烂，直到十一届三中全会后重新恢复并走上正轨，并逐步确立我国现有的法院体制格局。

1997年9月，党的十五大报告提出："推进司法改革，从制度上保障司法机关依法独立公正地行使审判权和检察权，建立冤案、错案责任追究制度。"这是司法体制第一次出现在大众视野。

1999年10月，中国最高人民法院印发《人民法院五年改革纲要》，规划和部署了1999年、2000年、2001年、2002年、2003年的法院改革。

2002年11月党的十六大报告提出："推进司法体制改革，社会主义司法制度必须保障在全社会实现公平与正义。"其具体要求是，"为了健全司法体制，使其权责明确、相互配合、相互制约、高效运行，就必须要公正司法、严格执法，对司法机关的机构设置、职权划分、管理制度做出完善。从各方面确保审判机关和检察机关能够独立行使权力。在诉讼程序上，应该确保和完善公民和法人的合法权益。执行难问题彻底解决。在司法机关的人财物管理及工作机制方面，应该实行相应的改革，促使司法审判和检察独立，与司法行政事务相对独立。另外，需要对司法工作进行强有力的监督，对司法领域中的腐败严惩不贷。打造一支政治坚定、业务精通、作风优良、执法公正的司法队伍”。“司法体制改革”一词在我党的文件中频频出现，司法体制改革逐步深入。

2005年10月，最高人民法院印发《人民法院第二个五年改革纲要(2004—2008)》，部署2004年至2008年的法院改革。该纲要以党的十六大为背景制定，在多个地方提到“司法体制改革”，同时阐述“司法体制改革”的内容。2007年10月，党的十七大报告提出：“深化司法体制改革，优化司法职权配置，规范司法行为，建设公正高效权威的社会主义司法制度，保证审判机关、检察机关依法独立公正地行使审判权、检察权。”

2009年3月，中国最高人民法院《人民法院第三个五年改革纲要(2009—2013)》出台，纲要对2009年至2013年的法院改革进行了全面部署。纲要第一部分明确了司法体制相关改革的指导思想、目标及原则。第二部分确定了2009年至2013年人民法院司法改革的主要任务，其中包括体制改革，如为了形成更加合理的职权结构和组织体系，需要优化各部门之间的职权配置。第三部分提出了深化人民法院司法体制和工作机制改革的工作要求。通过这份纲要的实施，我国司法体制改革将得到全面落实。

2012年，党的十八大报告提出：“进一步深化司法体制改革，坚持和完善中国特色社会主义司法制度，确保审判机关、检察机关依法独立公正行使审判权、检察权。”

十八届三中全会《决定》强调：“改革司法管理体制，推动省以下地方法院、检察院人财物统一管理，探索建立与行政区划适当分离的司法管辖制度，保证国家法律统一正确实施。”

2015年2月，最高法院第四个五年改革纲要(2014—2018)出台，这份纲要为我国规划了未来5年改革发展的蓝图，用富有中国特色的社会主义审判权力运行体系初步建成这条主线贯穿于全国65项重大改革措施中。

综上所述，我国的司法体制一直处在改变之中，尤其是改革开放之后，我国逐步确立“依法治国，建设社会主义法治国家”的方略，如果司法体制改革不理顺，法治建设必受干扰，司法体制改革因此受到中央的高度重视，成为党的全国代表大会和中央全会的重要议题。在法治社会，司法成为社会焦点问题，法治建设能否顺利进行，关键在于司法能否公正，国家权力能否得到有效制约和个人权利能否得到有效维护，而近年来发生的赵作海、浙江叔侄、呼格案等冤假错案，暴露了国家权力没能得到有效制约和个人权利没能得到有效保护，这是对司法公正的侵蚀和司法公信力的破坏。司法不公正发生有多种原因，而司法体制不理顺是其中的重要原因，如法院权力的地方化造成人财物受制于地方，司法也受地方党委政府的干预，审判不能独立，司法公正就无法保证。司法是维护社会正义的最后一道屏障，司法公正是法治社会的应有之义，十八届三中全会《决定》明确提出，“让人民群众在每一个司法案件中都感受到公平正义”，而唯有理顺司法体制，才能确保司法公正，人民法院作为司法机关中的审判机关，法院体制是司法体制极其重要的组成部分，探讨法院体制改革是理顺司法体制改革，保障司法正义的重要环节，因此本选题具有理论意义和实践价值。

法院体制改革从属于整体司法体制改革，是我国政治体制改革和法治建设的重要内容，在我国司法体制改革进程中有着举足轻重的地位。我国法院体制改革的目标与社会发展相匹配，其职能应涵盖全面、权威、独立、效率、充满活力、机构合理、人员精简、法官素质好、办案效率高、职责分明等一系列符合我国国情的人民法院体制。具体来讲，就是要完善审判功能，保证让我国法院具备功能完备、全面的审判功能，同时呼应我国依法治国的基本原则，树立司法权威和构建独立审判、高效、具备自我约束的法院审判新机制。

正是基于法院体制改革的重要性和法院体制改革的复杂性，本书尝试从本论题着手，探讨构建中国法院体制改革的路径的新思路。

二、研究现状述评

司法改革的长远目标在于实现司法公正，而要实现这一目标，必须稳步推进司法体制改革，而法院体制改革作为其重要组成部分，也必须与时俱进。法院体制改革在范围上很宽泛，在司法体制改革范畴内，只要涉及法院体制，都在其范畴之列，包括法院体制下的司法适用程序、管理制度、立法和司法等。法院体制改革的目的在于科学化法院体制下的各个功能体系，通过协调相互间的关系，达到司法职能更好地实现的目的。在实际工作中，这个体制包含了法院设立、管理职能、运行机制以及官员制度等方面的内容，只有通过体制合理化改革，将各个层面的关系梳理得更为清晰，各功能模块发挥更积极的作用，相互之间的关系协调地更流畅，才能让法院更好地满足国家和社会的基本需要。在我国，近年来有越来越多的学者开始涉足这块领域，并且提出了不同的观点，研究的层次也越来越深入。

笔者在充分研究其他学者成果的基础上，通过对法院体制改革的理论维度和实践向度进行二维分析，按照宏观切入和微观机制的研究思路，对当前理论界和实务界对于法院体制改革的观点和实践创新进行梳理。在宏观研究方面，主要是集中在对现行法院体制存在的主要问题、法院体制改革的价值取向和基本原则、法院体制改革的实施对策等方面；在实践向度方面，主要是就“司法去行政化”、“审判委员会的困境与出路”等微观制度进行局部或者是断面上的调整和分析。

（一）研究述评——理论维度

主要从体制问题、价值取向、实施对策等方面探讨：

1. 现有法院体制问题重重

我国现有的法院体制从建立之初就带有明显的苏联印记，这主要是由当时的国内外形势所决定的，并且经过相当一段时间高度集权和计划经济背景下的发展，很多方面已经不能够完全适应当前我国快速发展的政治经济现状，其弊端和危害在运转过程中不断出现：首先是司法权力地方化。地方法院在司法实施过程中过多地受到地方行政权力的干涉，司法公平在地方利益面前往往屈从于后者。司法权力地方化的危害主要体现在破坏法制的统一、形成地方割据局面，法制维护国家统一的功能遭到破坏、容易加剧司法地方化腐败、地方司法机关难以坚守司法的独立品格、不利于司法人员的地域流转。① 其次是审判权行使行政化。独立公正是审判权的重要特征，独立公正的审判权是司法公平的重要保障，要实现独立公正的审判权，就必须让司法审判按照其约定的工作方式运行，而不能过多地受到地方行政权力的干涉，我国现有的法院体系中就因为人事管理、法院上下级关系等方面的行政化，导致了审判权行使行政化严重。最后是法官职业专业性不够。如同医生和建筑师一样，要成为一名法官必须具备相当的专业智慧和职业素养，要让法官成为准入门槛较高的一个职业，这样才能保障法官队伍的精英化，从而减少因法官人事问题导致的地方法院体制问题频发。就目前来说，我国法官职业出现明显大众化，这使得一些素质不高、专业不够、职业道德不行的一批人混入法官队伍，从整体上拉低了法官的执法水平和道德素养。

2. 法院体制改革的价值取向和基本原则

中国正处于社会转型期，在这段时期，中国以经济领域的改革为先导，逐渐将改革的方向引导到政治领域，作为政治改革的一部分，司法体制的改革也被纳入整个改革大计当中，从学术理论到司法实践领域，都在进行着有条不紊的改变。不过，这种革新并不是漫无目的的，同经济改革一样，我国的司法改革也需要一个核心价值作为前进的方向。正如贺卫方所言："改革本身需要有自身的体系，要对总体目标有个清楚的把握，要让每一个具体措施与这个总目标相一致，要让改革之间形成相互补充的关系。"②在我国司法改革理论和实践当中，在明确的方向指引下，通过科学化的制度设计，进而通过合理论证后修改必要的法律条文，这样才能使司法改革的理论和实践不断结合，才能在司法改革过程中少走不必要的弯路。

---

① 张建伟. 超越地方主义和去行政化——司法体制改革的两大目标和实现途径. 法学杂志，2014，3.

② 贺卫方. 法治之路仍然道阻且长. 阅想，http://www.thinkread.cn/thought/5315/，2015-06-01 访问.

推行法院体制改革，也必须以此为理念，不断加强理论结合实践，逐渐巩固改革成果，才能不断推动我国整个司法改革的进程。为此，在法院体制改革过程中必须要遵从以下原则：首先，法院体制改革必须坚持党的领导。中国共产党是我国政治生活的领导核心，法院体制改革作为政治改革的一部分，也必须在坚持党的领导的前提下进行，法院体制改革要服从于国家司法体系改革的大局，相应地也必须符合国家政治体制改革的方向，法院体制改革，应当有助于加强党的领导，有助于中国政治体制的稳定。其次，法院体制改革要符合宪法精神，宪法作为国家根本大法，具有最高的法律效力，也是指导我国司法行为的最根本原则。因此，法院体制改革必须在宪法精神的范围内进行，宪法从根本上确立了法院体制的框架，法院体制改革也必须遵从于这个框架，在此基础上根据实际情况不断科学化法院体制。再次，要坚持人民代表大会制度。我国是社会主义国家，我国的根本政治制度是人民代表大会制度，这是我国的国体，决定着我国的社会性质。法院体制改革作为政治体制改革的一部分，要从根本上服务于国家的社会制度，要符合我国人民代表大会制度。法院体制改革的最终目的是服务公平正义和独立司法精神，根本上是为了保证人民当家作主的权益，而这正是人民代表大会制度所蕴涵的最根本的利益。因此，法院体制改革必须遵从人民代表大会制度。再其次，我国法院体制改革要保持开放和学习，法院体制改革不能闭门造车，要具有开放性，要敢于借鉴和吸收西方发达国家的理论和实践，毕竟西方发达国家在法律理论和实践方面有一定的优势，特别是在法院体制改革方面有相当的可借鉴性。我国正处于社会主义初级阶段，一切都在摸索阶段，保持同西方先进司法理论的交流将有助于中国特色司法理论体系的完善。当然，保持司法领域的国际交流要注意具体化，一定要在符合中国国情的前提下进行吸收和借鉴，切忌盲目照搬移植。最后，严格遵守审判权独立行使原则。坚持审判权独立行使就要做到法院独立和法官独立两点，这两点是相辅相成的，离开了任何一点，另一点都无法单独实现。因此，在我国法院体制改革过程中必须坚持法院独立和法官独立原则，才能从根本上减少司法纷争，更好地维护社会公平正义。

3. 我国法院体制改革的针对性实施对策

在法院体制改革的基本原则之下，目前学术界对法院体制改革提出一些实施对策，第一，避免法院审判权地方化，正如我们在前面所讲，审判权的地方化很容易导致一些地方保护主义的产生，形成不利于司法公正的地方利益关系存在，因此，必须要尽量避免法院审判权地方化，只有在这个基础上，才能构建新型的地方法院人、财和物的关系，避免这些因素受地方控制，从而影响了司法的公正性。要做到这些，还必须从根源着手，就是要将法院的独立审判权纳入明确的法律条文。第二，要克服审判权行使行政化，最根本的就是要保障审判权的司法化，审判权只有独立于行政权力的干涉，在司法体系内进行独立公开公正的行使，才能够保证司法行使结果的公平正义，这包括审判权主体的非行政化以及还权合议庭和独任审判员等。具体来说，要做到以下几点：要实行法官审判合一制、取消法院庭长审批制和下级法院向上请示汇报制。第三，要不断完善审判委员会制度，由于制度的、人事等方面的原因，我国在法院体制方面存在着这样或那样的问题，这些问题的存在直接导致了司法行使问题的出现，不但完善我国的审判委员会制度，可以有效地解决当前我国法官素质不高导致的一些问题。第四，打造法官职业化，构建完善法官职业体系。通过不断提高法官职业准入门槛来加强法官职业保障机制。在具体改革过程中，我们可以通过完善法官的身份保障和经济保障制度以及完善法官的竞争机制和惩戒机制实现对法官队伍职业素养和专业水准的提升。

（二）研究述评——实践维度

前面所阐述的是目前国内学术界在法院体制改革方面的一些理论性思考，事实上，在法院体制改革实践当中，已经存在一些不错的做法，并且在实践当中取得了一定的效果，在此，针对法院体制改革，我们在梳理理论层面的相关理念的同时，也需要从实践和制度创新层面分析法院体制改革的实践向度和路径选择。

1. 法院体制改革背景下“司法去行政化”阐述

法院体制改革包含了在法院具体实务中若干方面，它在审判主体对法律适用活动中起着支撑和保障作用，是操作和限制法律适用的载体，影响和制约法院和法官行使着审判权。现行法院体制改革背景下“司法权行使行政化”难以适应变化了的形势以及其本身的痼疾也在日益显露。学者张建伟①将独立公正看作是审判权的重要特征，司法权的行使体制不应该被行政权力干涉，而应当按照司法工作应有的方式运行。这是审判权独立行使的比较理想的状态，但是现实情况是，目前我国在审判权行使过程中行政化的印记非常明显，如法官的人事管理是行政化方式的，法官录用、身份特征等都是行政化的。另外，在我国法院体制当中，法官同时也是具有行政级别的官员，这种情况的存在使得审判权独立行使很难真正做到。作为具有行政级别的人员，同时拿着行政工资和相应的福利待遇，从这个层面来说，法官就是行政人员，审判权的行使在一定程度上更像一种行政行为。同时，无论是法官的升迁还是调用，也都是行政化的，也就是说，整个法官的人事管理都是行政化的，这种情况必然导致法官的专业素养不可能保持在一定的高度，也容易在法官队伍中进入一些不具备法官职业道德素养和专业业务水平的人。法院内部审判权行使方式也存在着泛行政化，在法院体系中，一项正常的内部审判权行使要像行政部门一样经过院长、庭长的一层一层审批，甚至他们不参与的合议庭或独任审判的案件也要经过他们审批，不在庭人员反而有着决定意见，这种情况明显不在独立审判体制内，而是典型的行政首长制。

学者林娜认为，在法院体制改革的进程中，“司法去行政化”的意义重大，学术界和理论界都对此进行了深入而广泛的研究，最高人民法院和各地法院也进行了实践创新，站在司法实务的层面，林娜认为，要纠正法院独立审判还是法官独立审判、厘清法院的职能和权力，即让“审判的归审判、行政的归行政”、推动法官实行单独序列管理、提高审判机构的地位、探索一个合议庭就是一个审

① 张建伟. 超越地方主义和去行政化——司法体制改革的两大目标和实现途径. 法学杂志，2014，3.

判庭等举措的实施。[①] 陈卫东认为[②]各地的改革和创新实践的经验告诉我们司法独立的本质是依法办案，司法不独立和不公正一个非常重要的方面就是司法在吃大锅饭，看似人人都在负责办案，而实际上是人人都不负责的尴尬局面。当前实务界通过推行司法改革，从运行机制层面着眼，考虑如何让在审判权力行使过程中不同角色能科学合理行使自己的职能，各自在相应的岗位各司其职，院长有院长的职责，庭长有庭长的职责，审理者有审理者的职责，理顺审判权和审判管理权之间的关系，积极探索合乎法律的审判权运行机制，积极解决审判权行使内部行政化。随着法院体制改革的不断深入，关于司法改革行为的主体和行为方向问题，也必将不断被涉及。司法体制改革过程中的去行政化，不能仅仅停留在某个方面，应当在整体设计中有所体现，无论是在内部还是外部都应当有所准备。[③]

2. 法院体制改革背景下审判委员会的论述

审判委员会曾在我国司法审判历史中发挥了不可忽视的积极作用，而且是具有中国特色的社会主义司法制度，这在历史上有其存在和发挥作用的合理性，以及符合中国事务的逻辑，它能一定程度上抑制腐败，减轻法官承受的压力和保障更为良好的司法。[④] 但是伴随着社会主义市场经济的纵深发展和审判改革方式的不断深化，各种情况也都发生了变化，审判委员会已经不能适应时代发展的需要，其发挥作用的环境条件都已经不再具备，其作用已经偏离了设立的初衷，从根本上说，审判委员会在现时条件下失去了存在的必要性。对于审判委员会现在的困境与出路问题，理论界与实践界纷争不断。从整体上看，现行审判委员会制度普遍地遭到批判，为其进行辩解的属于少数派，正如朱苏力教授所言："这种状况未必意

① 林娜. 应去除"法院工作"的行政化. 环球法律评论，2013，2.

② 陈卫东. 司法独立的本质是依法办案. 环球法律评论，2013，2.

③ 王竹青. 司法改革的整体设计行为方向——司法体制的去行政化. 河北师范大学学报，2003，4.

④ 贺卫方. 关于审判委员会的几点评论. 北大法律评论，1998，1(2).

味着法学界或法律界是一边倒；反倒可能是坚持审判委员会的人居于事实上的优势地位，并且有《法院组织法》的制度认可，因此有一种理所当然的心态。"①在这种条件下，关于审判委员会的前景主要存在三种意见：一种是取消，另一种是保留，还有一种则是将其改革。保留派认为审判委员会在历史上发挥了重要的作用，不能说取消就取消，就其目前所能体现的合理性来说，尽管不是最优，但是有其相对的合理性，需要加以保留。② 而持有取消观点的王利民则认为，审判委员会制度在组成与运行等多方面呈现行政化的特点，与现代诉讼理念存在冲突，不符合司法改革的发展方向，任何修修补补的改良也无法掩饰这一矛盾，应当予以废除；在实际工作当中，最主要的弊端则是由于层层审批的流程最终导致了实际案件中裁判无人负责情况的出现，如果一个案件最终无人负责，那么就为徇私舞弊提供了可乘之机，一件案件在理论上是集体负责制，实际上则成了无人负责，③ 根本上损害的还是整个社会的公平正义。主张改革审判委员会制度的学者认为，审判委员会制度虽然存在种种缺陷，但其在我国的司法实践中确实发挥过很大的作用，不可以轻易废除，应该依据我国现有国情，采取适当的改革措施。就我国目前的社会现实而言，直接废除审判委员会制度并不现实，审判委员会制度还是在发挥着一些作用的，还是应当暂且保留一段时间为好。而且，在相关的配套措施尚未准备充分前，随意说取消审判委员会制度也是极为不恰当的。④

笔者在总结各方观点的基础上发现，关于审判委员会的存废改的观点各自有其立场和价值取向，主张保留说的是从审判委员会制度所起到的功效的角度出发，而主张废除说的则是从司法理念的角度出发，审判委员会的存在违背了法治发展的潮流最终将被历史所

① 苏力. 基层法院审判委员会制度的考察及思考. 北大法律评论，1998，1(2).

② 苏力. 基层法院审判委员会制度的考察及思考. 北大法律评论，1998，1(2).

③ 王利明. 司法改革研究. 北京：法律出版社，2000：206.

④ 邓辉辉. 论人民法院审判委员会制度的改革. 行政与法，2001，8.

淘汰。而持有改革说的则是采取折中的态度，在两者之间进行协调，是渐进的改革方式。审判委员制度有其积极功能，如保证法律适用的统一、提高审判案件的质量、在一定程度上能够遏制腐败的发生；审判委员会的缺陷主要在于违背了司法的公正独立的价值理念、审判委员会的组成和运作模式的不合理、审判委员会在实践运行中存在着诸如回避制度形同虚设、审判委员会讨论案件不利于错案追究制度等。

笔者认同改革审判委员会的观点，在法院体制改革不断纵深的情况下，审判委员会制度的改革是大势所趋。只有对审判委员会制度以及相关配套措施进行改革，才能顺应司法改革的步伐和审判规律，适应现代诉讼发展的大趋势。在具体的法院体制改革中，关于审判委员会改革的问题，主要从组织结构、功能定位和工作规则三个方面进行，只有从这三个方面理清了规则，才能真正将审判委员会发挥其积极的社会功效，真正有利于中国法院体制改革的推动和中国司法体制的建立健全。

总之，在综合学者的观点基础上，笔者认为在路径选择上，法院体制改革并非单一体制的改革，而是融合多样体制的系统工程，要改革就要从制度和基础理论层面获取支持，同时也要在现实中考虑变革后的一系列后果。中国是一个历史积淀厚重的国家，现实政治体制思维中总会遗留很多历史文化因素，在法院体制改革中，这种因素也是存在的，因此在法院体制改革过程中不可能是一步到位一帆风顺的，需要在不断的碰撞中不断修正，不断改进和完善，目前很多改革项目也无法一次性达到最优效果，暂时性地追求次最优，也是具有相对和理性的。只要在整个体制改革过程中坚持正确的方向，我国法院体制改革一定会越来越接近最终的目标。①

三、研究方法

本书综合运用价值分析、比较研究、规范分析、历史分析与实

① 张建伟. 超越地方主义和去行政化——司法体制改革的两大目标和实现途径. 法学杂志，2014，3.

证调查等方法。

价值分析法，法学是规范之学，规范是价值对事实的统摄，对于事实采用实证分析法，法学研究必然还重视价值分析法，价值是法学研究的灵魂和导向。就本选题而言，法院体制改革必须坚持正确的价值导向才能走向正轨，正义、人权、平等、秩序、效率等是法律的价值，也是法院体制改革所必须坚持的导向。

比较研究法，所谓比较研究，就是对相似性和差异性的对比研究。相对于价值分析，比较分析更多的是从两个或者两个以上的事物或对象进行有目的性的对比，在人类认识世界的过程中，比较研究可以让人类获得举一反三的能力，也可以在获得新的知识的过程中尽可能地减少投入。在学术研究中，比较分析更容易让研究者在比较中获得对理论的更为正确的认识。

历史分析方法，不同于比较分析法的横向比较，历史分析更注重问题本身在发展不同阶段之间的差异化比较。唯物辩证法认为，客观事物是不断发展变化的，通过对不同变化阶段的比较分析，可以对客观事物的发展规律有更清晰的认识，有助于对事物趋势性的把握。追本溯源、了解始末才能从根本上了解事物本身，这就是历史分析的价值所在。

实证分析方法，实证分析法在一定程度上也可以叫做经验分析法，经验是人类社会至关重要的智慧之一，通过对客观事物以往所发生的变化进行经验分析，可以对现在的或者将来的情况进行前瞻性的或者经验型的判断，在法院审判中，经验分析至关重要，法学基本任务之一就是要回答法的实然状态，以及这个状态是怎样，这个过程就需要实证分析才能解决。实证分析相关资料一般来源于院长、庭长、法官、公众、律师的访谈或问卷，还包括一些涉及案情的理论或文献资料。

四、创新之处

第一，本书从不同的角度和层面对我国法院体制改革的价值目标进行了重新梳理和分析，一方面这是对以往学者在相关领域的一种继承，但从根本上来说也是一种超越，从而形成了该书本身的一个创新之处。关于公平正义在法院体制改革过程中作为核心价值目标的重新解读和界定，将之看做是既符合法治逻辑，也是对法制体制改革的价值追求。该书又将以人为本纳入司法体制改革的框架内进行了更为深度的解读，也是更契合司法精神的解读。最终笔者认为司法体制改革的关键是确保司法的权威性，虽然这样的论点和论据在之前有学者已经进行了阐述和论证，但本书在进行评价和分析的角度与立足点都有所不同，因此也更具有新意，这也可以作为该书的创新之处。

第二，阐述跨行政区法院改革和最高人民法院巡回法庭制度改革的意义、试点情况和特点。结合上海等地试点情况，论述跨行政区法院、最高人民法院巡回法庭制度改革路径。

第三，创新之处在于对审判模式的理解和论述，该书在对之前学者关于审判模式的研究的基础上另辟蹊径，开创性地以审判为中心，并在侦查、起诉等环节对审判模式进行了新的研究，并为此提出了一些新的观点和建议，研究认为在国家法院体制改革中，必须要对审判模式作出必要的调整，在诉讼制度改革中贯彻审判为中心的理论思想，从而对司法公正性确立保障。

第四，第四章用图表、实证材料论述中国法院审判组织改革路径。以某市法院审判数据为样本，综合运用统计学、人力资源管理等多元研究方法，探索构建较为科学合理的法官员额评估模型，以期为当前的司法改革工作提供有益的研究思路，为法官员额制的最终确立和顺利推行夯筑牢固基石。先分析我国法院的法官员额制改革，推行法官员额制是实现法官职业化的前提条件，也是当前司法改革的重要突破口。而推行法官员额制无法回避的核心问题是如何科学合理地确定法官员额。在这个论点中，虽然以前也有过相似的研究和论证，但本书中还是有不同之处的，关于法官员额问题的研究在世界各国都是问题，多则敷衍，少则无法保证司法公正，如何找寻这个关键的平衡点，是作者在该书中着重思考的问题，当然，这个问题或许并不能一次性就有重要的理论结果，但这确实对改革本身能够起到必要的参考作用。由于外部环境和配套机制的制约，合议庭制度改革虽然看上去在不断进行和深化，而实际上总是未能完全实现所追求的独立、公平、民主、专业的让审理者裁判、由裁判者负责的目标，审者不判、判者不审等审判行政化以及合而不议、陪而不审等合议庭形合实独、权责不明等问题依然普遍。因此，如何结合我国法院的改革实践，探讨出一些我国合议庭制度改革的建议就显得尤为重要。审委会制度改革部分以Z市中院为样本，论述了审委会制度改革的路径。

第五，阐述中国法院办案责任制的改革完善，法官责任制度是法官制度的一个重要组成部分之一，我国现行的法官责任制度为规范司法、强化法官素质曾发挥了很大作用，但经过多年的探索和发展也引发了诸多问题。其责任认定不明确、责任划分不公平、重实体责任轻程序责任、缺乏豁免制度的弊端引起学界和实务界的广泛批评。围绕现行法官责任制存在的问题，本章依次对主审法官责任制、合议庭办案责任制、审委会办案责任制的改革路径进行论述。在合议庭办案责任制部分，用了大量图表说明论证。

五、基本框架

本书分为引论、正文和结语三个部分。

引论介绍选题背景意义、研究综述、研究方法和创新点等内容。

正文是主体部分，正文又分为三大板块：

第一大板块是法院体制改革的基本知识介绍，包括第一章、第二章两个部分。第一章“中国法院体制历史、现状与问题”对司法体制进行界定，突出司法体制是司法改革的重点内容；阐述法院体制初创期、破坏期、恢复重建期、改革发展期四个发展阶段，从法院体制改革发展史中寻找司法体制改革的有益启示；并从法院现行体制的层面提出了一系列问题，这些问题既包括权力的地方化，也有人员管理方面的，还涉及法院领导体制问题，这些问题的深层次原因和解决途径都是该部分着重研究的。第二章从正义、人权、效率等方面分析法院体制改革的价值。

第二大板块是关于全面分析法院体制改革路径，内容上有建立以庭审为中心的审判模式；法院体制改革的总体思路；法院审判模式的改革；法院管理模式的改革；跨行政区法院改革。我国是社会主义国家，我国的司法体制中审判权力的运行要体现对司法规律的尊重，并让整个审判过程保持在司法规律的范畴内进行，而不是在行政化的命令中进行，从根本上来讲，法院体制改革就是要让整个法院系统遵从司法规律，逐渐减少行政式执法对司法体系的干扰，真正让法院体系依法执法，更好地保障社会公平正义。

第三大板块由第四、五、六章组成，分别从法院组织体制、执行体制和办案责任制三个方面论述法院体制改革的具体内容。法院组织体制部分，分析法院法官员额的编制、法官员额评估模型的建构及运用、法院合议庭改革模式和功能改造、以Z市中院为样本探讨审委会改革，包括审委会制度简介、Z市中院审委会基本情况和讨论案件情况、审委会存在的问题和对策、对审委会的改革建议。法院执行体制部分，分析执行体制的现状、存在的问题以及审、执分离等改革路径建议。法院办案责任制部分，介绍大陆法系和普通法系的责任制；分别研究主审法官责任制、合议庭办案责任制、审委会办案责任制。结语是对全书进行总结，并对本选题的进一步研究进行前瞻性展望。

第一章　中国法院体制的历史、现状与问题

本章梳理法院体制改革的历史演变，总结既往法院体制改革的成败，揭示当代法院体制改革的问题所在和价值取向，只有法院在人财物等方面摆脱地方干预，才能够做到审判独立，司法公正才有保障。

第一节　体制、司法体制与法院体制的基本内涵

一、体制的基本内涵

什么是体制，体制就是在国家机构层面关于体系制度等方式方法的一个总的称呼，事实上，在不同的学术领域，关于体制的解释是不尽相同的，不同的学术门类从不同的目的出发，从不同的角度对体制进行了不一样的阐释。就管理学来说，体制更强调体制在管理形式过程中的管理权限划分以及制度制定等方面的内容。从政治学的角度来说，体制就是统治的必要形式，如果没有这个形式或者规矩，那么统治者就无法获得必要的统治权利行使权，也无法获得统治的实际效果，因此，体制是统治的一种形式。从历史唯物主义的角度看，体制是链接上层建筑、生产力、生产关系的一种纽带，如果没有这种纽带，那么以上三个要素就无法获得一种稳定的支持，也无法保障社会的稳定秩序。因此，体制的意义重大，无论是从哪个层面来看，都必须重视体制的作用，没有体制的存在，就没有一个稳定的存在体，无论是一个国家，一个群体，还是一个组织，没有了体制，就会让组织缺乏必要的稳定性和协调性。

二、司法体制的基本内涵

在司法界，关于司法体制的概念和内涵至今没有一个定论，不同的学者站在不同的立场，对司法体制的解释各不相同，有一种理论将司法体制解释为指司法机关的组织制度。在西方，司法权就是审判权，在西方三权分立制度下，法院独立于议会和政府，法院是独立的，法官也相对独立。而在我国，司法权和审判权是不同意义的概念，审判权隶属于司法权，司法权还包括检察权。① 在我国，由于社会主义实际情况与其他国家均不同，因此我国的司法体制也具有明显的中国特色，这种特色主要体现在司法体制的外延范围要比其他国家要大得多。下面就我国不同的学者就司法体制的定义概念以及内涵、外延的一些观点进行分析。

学者徐益初主要采取了比较分析的方法，在同西方三权分立的角度的比较分析中，将司法体制看作是司法权的机关相关组织的结构关系以及权限划分。徐益初对司法体制的概念可分为狭义和广义之分，相对于狭义的概念，他认为司法体制至少还要包含法律授权的一些其他专门组织如律师、仲裁等。②

另一位学者熊先觉教授则从国家职权划分的角度对司法体制进行了重新定义，在他的研究理论中，司法体制跟其他国家体制一样应当作为国家体制的一部分而存在，只是司法体制主要职能在于通过司法审判保障社会公平正义。同时，他也表示除了国家制度内的司法体系，法律授权的一些其他组织也是司法体系的一部分，在这一点上，同徐益初有着同样的认识。不同的国家机关和法律授权的社会组织一同构成了完整的司法制度体制。③

在刘仁文的研究当中，一直强调我国司法体系应该包含更广

---

① 胡夏冰. 司法权探析//张卫平. 司法改革论评. 北京：中国法制出版社，2001：5.

② 李步云. 中国特色社会主义法制通论. 北京：社会科学文献出版社，1999：96.

③ 熊先觉，刘运宏. 中国司法制度学. 北京：法律出版社，2007：29.

泛，他认为凡是跟司法活动有关的活动都应当纳入司法体系当中，而不仅仅是公检司法这四家的事情。更关键的，还是需要将所有这些关乎司法活动整合成一个完整的内外部统一的大体制。①

当然，也有学者的认识比较直观，如张建伟就将司法体制看作是党、人民等因素在依法治国过程中的统一整体。② 而张述元的研究则更侧重于司法文明的内容，他认为没有司法文明，司法体系难以保障司法活动的效用性，缺乏了这种效用性，国家司法体系也将难以保障国家的人民当家作主和党对国家的有效领导。③

学者杨小军把司法权看作是国家专属权，司法权是高高在上的国家专有权。④ 章武生将司法体制看作是司法水平提升的必要制度基础，没有完备的司法体制，所有的司法水平提升也都是无源之水，是不现实的，司法水平提高的基础就是不断改革完善司法体制，他也强调目前我国如果不赶紧进行切实有效的法院体制改革，我国的司法文明和司法水平会遭到更严重的削弱。⑤

秦前红、苏绍龙认为司法体制是行使司法权力的国家机关的设置、各机关之间职权划分和相互关系的体系、机制的总和。体制的重要内涵就是关系的制度化。“完善司法管理体制和司法权力运行机制，规范司法行为，加强对司法活动的监督”是司法体制改革的目标。⑥

笔者认为上述有的学者对司法体制的错误理解在于不恰当地扩大“司法”的外延，违背宪法和法律的相关规定。公安、司法行政等在组织体系上与司法机关是不同的，它们是同级政府组成部门归

---

① 信春鹰，李林．依法治国与司法改革．北京：中国法制出版社，1999：44．

② 张建伟．超越地方主义和去行政化．法学杂志，2013，3．

③ 张述元．论司法体制改革的原则．中国法学，2004，1．

④ 杨小军．法治中国视域下的司法体制改革研究．法学杂志，2014，3．

⑤ 章武生．我国政治体制改革的最佳突破口：司法体制改革．复旦大学学报(社会科学版)，2009，1．

⑥ 秦前红，苏绍龙．深化司法体制改革需要正确处理的多重关系．法律科学，2015，1．

同级政府领导，而法院和检察院并不是同级政府的组成部门，也不受同级政府领导，而是对同级人大负责，在同级人代会上与同级政府一样作工作报告，人代会上所谓的“一府两院”，就是指人民政府、法院、检察院。律师、公证和仲裁等社会组织与国家机关更在人事管理、组织方式、工作性质、工资来源等方面是天壤之别，不可能属于同一体制。

三、法院体制的基本内涵

根据我国宪法的规定：人民法院独立行使审判权，不受行政机关、社会团体和个人的干涉。同时，《宪法》第 128 条规定，最高人民法院对全国人民代表大会及其常务委员会负责。地方各级人民法院对产生它的国家权力机关负责。由此可见，我国的司法权独立于行政权，但不独立于人民代表大会，须向人民代表大会负责，包括审议司法报告、法官任命，接受监督等方面。① 人民法院的现行体制，包括组织体系、管理体制、审判组织、审级划分、机构设置等，是在长期的司法工作实践中逐步形成的，它与当时的国家政治经济情况大体上是适应的：既便利了国家审判权的统一行使，保证了国家法律的统一实施，又方便了人民群众进行诉讼，为巩固我国新生的人民民主政权，发展经济，维护社会安定，保证各项审判工作的顺利开展，发挥了重要的作用。②

周文斌认为法院体制是指国家宪法所规定的享有审判权能的依法处理案件的专门组织机构，即法院所构成的体系。在西方实行“三权分立”的国家，法院体制即司法体制，因为其检察机关有的属法院的组成部分，有的属行政机关的一部分。③

刘安荣认为我国现行的法院体制是在经济上实行高度集权的计划经济的特定历史背景下，逐步建立和发展起来的，因而这一体制不可避免地带着那个时代的烙印。落后的法院体制已成为制约和阻

① 周文斌．法院体制改革之我见．理论月刊，2006，2.

② 周蹈．论加快法院体制改革步伐．学术论坛，1994，5.

③ 周文斌．法院体制改革之我见．探索与争鸣，2006，2.

碍我国经济发展以及社会主义市场经济建立的桎梏，同时也严重影响着我国法制建设的历史进程。① 同时，他发现现在法院体制行政化已经成为影响我国司法独立、司法公正以及制约法院体制改革的最核心因素。② 在法院体制方面，人们比较有共识的是体制的“四化”问题，即行政化、地方化、非职业化和非独立化。法院体制行政化是指“法院在整个体制构成和运作方面与行政管理体制和运作方面有着基本相通的属性，是按照行政体制的结构和运作模式建构和运行”。③

钱卫青梳理了我国法院体制历史。他认为中国的法院体制一直都处于非常规状态，直到党的十一届三中全会之后，这种现象才有所改变，法院的法律地位逐步确立起来，以党委领导为主的法院整体格局也逐渐形成，这为以后我国法院体制改革提供了一个非常好的基础。④

郁倩倩认为作为司法制度重要组成部分的法院体制在不断的改革中，然而种种迹象表明，中国的司法改革并没有成为提升法院与法官公信力进而增强司法独立地位的有效手段。从法院体制改革的基本要求和价值判断而言，当然是改革法院体制与法院审判现实不相适应的那部分，使法院体制能够适应我国审判的要求，保障法院审判能够公正、高效地运作。但这些都是从抽象和价值标准的角度来审视的，更重要的是，应当追问在体制、机理上原来的体制究竟怎么了。人们已经多少感觉到法院现存体制的“行政化”是法院体制的“病理”原因。⑤

白俊华提出法院体制具有独立地依据事实和法律对案件作出裁决的能力，必然要求法院在社会关系中完全是处于独立及中立的地

① 刘安荣. 我国现行法院体制存在的问题及对策. 陕西师范大学学报，2002，5.

② 刘安荣. 我国法院体制的行政化及改革对策. 陕西师范大学学报，2004，6.

③ 张卫平. 体制、观念与司法改革. 中国法学，2003，1.

④ 钱卫青. 法院体制改革的系统思想. 法律科学，1989，5.

⑤ 郁倩倩. 论政治学视角下的法院体制行政化. 思想理论，2009，1.

位。这包括，法院整体对外的独立性，也包括每个审案法官个体的独立性。这种完全的独立性，是法院在处理各种社会纷争时，保持中立立场的必要保障，也是实现司法公正的必然要求。没有独立也就没有中立，没有中立也就没有公正。①

法院设置体制改革的理论前提在于对司法权的重新认识和定位，除司法权属性理论外，在理论上还需要在国家结构意义上对司法权进行合理的配置。②

综上，笔者认为法院体制是指法院、法官在国家机构中所处的位阶、位序，以及保障法院、法官职能正常发挥的人、财、物配置方式，指国家宪法所规定的享有审判权能的依法处理案件的专门组织机构。法院体制包括：法院审判体制、法院执行体制、法院办案责任制、法院审判组织。反思我国法院体制，充分认识其弊端，有助于全面把握我国法院体制改革，本书从法院审判体制改革、法院执行体制改革、法院办案责任制改革、法院审判组织改革等方面入手分别展开论述。

第二节　中国法院体制的发展历程

一、初创期

早在土地革命时期(1926—1937)③，在党建立的革命根据地内，中华苏维埃共和国的司法体制主要效仿苏联的司法体制，并根据中国农村革命的具体情况，强调司法权力属于工农苏维埃，在实践中强调司法为革命服务，设计了不同于西方资产阶级法制的苏区司法体制。1931 年和 1932 年，中华苏维埃政府中央执行委员会先后颁发了《处理反革命案件和建立司法机关的暂行程序》、《军事裁

---

① 白俊华. 论司法公正与我国法院体制改革. 政法学刊，2003，4.

② 彭何利. 法院设置体制的改革方向与路径. 法学杂志，2014，3.

③ 本书中的中国法院体制的发展历程没有包括国民党统治区的法院体制发展历程。

判所暂行组织条例》和《裁判部暂行组织和裁判条例》，在苏联经验的指导下设计并建立了我国苏维埃共和国司法裁判部模式，这种模式的建立对我国法院体制影响很深，包括人民陪审员制度、巡回法庭制度都是其中的代表性构建。随着我国革命的深入，我国法院体制也相应有一定的变化，司法与行政的逐渐合一，直接影响了后来的法院体制。由此，苏区司法基本搭建了共产党领导的，与国民党政权的司法根本对立的苏维埃司法体制框架的主体雏形。第二次国内革命战争时期的中央苏区，1931 年 11 月 7 日中华工农兵(苏维埃)第一次全国代表大会召开，这是我国人民大表大会制度的发端。大会通过的《中华苏维埃宪法大纲》规定：全国工农兵苏维埃代表大会及其中央执行委员会，是最高政权机关，大会选举产生了临时中央政府人民委员会，负责处理日常政务，并对大会负责；同时组建了地方各级苏维埃代表大会及政府。抗日战争时期，根据抗战的需要，代表人民行使权力的是各级参议会，1939 年《陕甘宁边区各级参议会组织条例》规定了边区各级参议会是各级民意机关，其主要职权是选举、监察和弹劾，议员由人民直接选举产生，参议会有“督促及检查边区各级政府执行参议会决议案之事项”。各级政府和司法机关由参议会选举产生并对参议会负责。1946 年 4 月，《陕甘宁边区宪法原则》中将参议会改为人民代表会议，人民代表会议常务委员会在会议休会期间，负有“向行政委员会及其所属各部门提出建议与质询”的权力。解放战争后期，人民代表会议改名为各级人民代表大会。新中国成立后，1949 年的《中国人民政治协商会议共同纲领》规定，“人民政府委员会向人民代表大会负责并报告工作”。1954 年 9 月 20 日通过了我国第一部《宪法》，9 月 21 日通过了第一部《人民法院组织法》。《宪法》确立了人民代表大会和“一府两院”体制。国家体制发生了变化，我国的法院体制也随之有了一些变化，第一，就是人民法院的组织体系变化了，“由于各大行政区于 1954 年底撤销，最高人民法院在各大行政区的分院也相应撤销”。[①] 而在基层人民法院，则可以根据需要设立人民法

① 张晋藩. 中国司法制度史. 北京：人民法院出版社，2004：615.

庭。第二，人民法院从原来隶属于政府系统变为与政府平行，成为独立的国家机关。人民法院作为一个独立的系统存在，只是向同级人民代表大会负责并报告。第三，最高人民法院对地方各级人民法院具有监督权(1954年《宪法》第79条)。应当说，上述审判体制的变化是和《宪法》、《人民法院组织法》所规定的独立审判精神相适应，因为只有实行这样的体制，才能有效保证审判独立。1956年中共八大政治报告强调国家机关需守法，不同执法机关相互制约的原则，公安机关、检察机关和法院作为执法部门，在分工不同的基础上需要相互制约。至此，我国确立了司法体制的宪法根基，人民法院和人民检察院共同行使国家司法权原则也得到了确认。由此可见，我国新民主主义革命时期的司法体制建设因特殊的历史环境，始终强调司法服务于党领导的民主革命，司法体制建设也在党的直接领导下得以建立、发展。然而，我国司法体制的发展并非是一帆风顺的，中华人民共和国成立初期，由于我国阶级斗争形势比较严峻，法院的独立审判权相应地受到了冲击，1957年我国逐渐确立了法院党内监督的审判权，规定一切审判活动都必须服从党委的领导和监督，党委对一切审判具有监督和过问的权力，若对审判有不同看法，须报请党委决定，所有不经党委批准的审判都是不可取的。① 1957年6月至1958年8月的“反右”斗争进一步破坏了中华人民共和国新生的审判制度。1957年8月9日，国务院作出《关于撤销铁路、水上运输法院的决定》，将已经建立的十九个铁路、水上运输法院和三十一个派出法庭予以撤销。同时决定，运输法院撤销后，运输方面的刑事案件，由运输系统的管理局、分局所在地的中级人民法院处理。②

二、曲折期

1966年5月，十年的“文化大革命”开始。审判权党内监督的

---

① 张晋藩. 中华人民共和国国史大辞典. 哈尔滨：黑龙江人民出版社，1992：298.

② 张晋藩. 中国司法制度史. 北京：人民法院出版社，2004：623.

情况进一步加剧，我国审判独立原则不断遭到破坏，依法办事原则也形同虚设。这一时期由于人民法院被实行“军管”，因而审判体制受到严重破坏，造成了大量的冤假错案。我国的司法机关已经不能有效行使其权利，审判独立不仅得不到有效保障，反而成为被批判的矛头，司法机关处于畸形的存在状态，法治精神被抛弃，党委几乎接管司法审判工作，并冠以党和人民的名义，我国司法体系已经形同虚设。1975 年《宪法》颁布后，法律和程序的效力已经被运动和政策所取代。

三、恢复重建期

1976 年粉碎“四人帮”后，国家采取一系列重要措施，拨乱反正，大力加强社会主义法制建设，使司法体制得到迅速恢复和全面发展。司法体制改革也得到党的重视并得以不断推进。特别是十一届山中全会的召开，给整个中国的政治生活开创了一个全新的局面，民主和法治成为国家的基本国策，这两项正是在十年浩劫中被严重破坏的国家核心要义。为什么要将民主和法治上升为基本国策，从理论层面来分析，民主和法治是一个事物的两个方面，这两项相互统一又相互依存，属于唯物辩证法的两个点。“文化大革命”中也有人讲民主，但是这种民主是被完全加工过的伪民主，是将民意绑架后的民主。说到法治，“文化大革命”后期的四大自由完全将法律和法治破坏殆尽，在这样的背景下，已经无所谓民主与法治，从核心上来讲，破坏最严重的就是社会的民主与法治，这也是为什么十一届三中全会要将民主与法治上升为国家基本国策的重要考量。1978 年，中共十一届三中全会公报明确了监察机关和司法机关的独立性，强调了法律面前人人平等的法律精神，重申了社会正义和公平。1979 年 7 月 1 日《人民法院组织法》对我国法院体制如组织、职权等相关因素进行了重新规定，与 1954 年《人民法院组织法》相比，1979 年《人民法院组织法》在审判体制方面进一步明确规定了人民法院的性质；在特殊领域引入了专门人民法院的概念，如军事法院、水上法院、铁路法院等；增加了审判委员会民主集中制，有助于进一步发扬司法民主；进一步明确不同司法机关之间权力边界。1979 年 9 月中共中央印发《关于坚决保证刑法、刑事诉讼法切实实施的指示》，明确了司法工作在党的领导下切实保证法律实施的原则，并强调了人民法院独立行使审判权不受其他任何单位和个人干涉的原则。至此党委不再拥有审批案件的权力，这对我国司法独立权是一个有效的保障，是我国社会主义法治建设的一个重要里程碑，对保障人民法院依法独立行使职权具有特别重要的意义。进入 20 世纪 80 年代，我国的经济改革取得显著的成效，整个社会的局面已经逐渐从文化大革命的阴霾中解放出来，当然随着改革与开放的不断深入，整个国家面临着越来越复杂的国内和国际形势，如何在这样复杂的形势下既能保证国家的健康稳定，又能让社会主义市场经济显示其强大的生命力，这是摆在国家面前的重要历史课题，正是在这种背景下，我国对法制与法治的概念更加清晰，社会主义法制的概念逐渐被社会主义法治所替代，这是我国对法治理解的深入，也是中国政治和法治不断成熟的表现。1982 年，我国根据社会发展的需要颁布了新的《宪法》，人民法院依照法律规定独立行使审判权的原则受到宪法保护，党的十三大报告中提出的党政分工原则进一步理顺党与司法机关的关系：党在方针政策上对司法工作具有领导权，日常工作中司法部门独立行使司法权。1982 年 12 月 4 日，现行《宪法》在第三章第七节对人民法院在审判方面两个变动作了专门的规定：恢复了人民法院依法独立行使审判权的原则；确立了公、检、法三机关在刑事诉讼中的相互关系。1982 年《宪法》的第 135 条首次用宪法的形式确立了公、检、法三机关在刑事诉讼中的相互关系。1983 年 9 月 2 日，第六届全国人大常委会对有关审判体制的规定作了如下修改：删去关于专门人民法院的规定；将“人民法院独立进行审判，只服从法律”条款修改为“人民法院依照法律规定独立行使审判权，不受行政机关、社会团体和个人的干涉”；同时还包括人民陪审员制度的弱化，当然，这种变化直到 2004 年才得以恢复。1984 年 11 月，第六届全国人大常委会第八次会议决定在上海、天津、广州、大连、厦门等沿海港口城市设立海事法院，使我国的专门审判机关更加广泛(包括军事法院、铁路运输法院、海事法院)。此外，在建立和发展社会主义市场经济的过程中，我国各级人民法院还逐步完善了内部审判机构的设置，先后设置了房地产审判庭、经济审判庭、知识产权审判庭、立案庭、审判监督庭等专业审判庭，使审判工作不断走向专业化。特别是1989年随着《行政诉讼法》的颁布实施，各级法院普遍设置了行政审判庭，从而建立起行政审判体制。

四、改革发展期

2003年4月开始，我国的法院体制进入了改革发展期，在这期间，我国法院体制的领导体制发生了变化，中央直接领导的司法体制改革小组成立，这个小组担负着国家司法体制改革中的重要工作，具体包含了十个方面的约三十五项改革任务。进入2007年，党的十七大对国家司法体制改革提出了新的方案，同时成立中央司法改革领导小组，将国家司法体制改革的内容进行了更为细致的划分，并对司法体制改革目标和完成计划有严格的规定，中央自上而下的司法体制改革核心机构正式成立。一种全新的、自上而下的改革策略和模式最终确立，在我国司法史上具有里程碑意义。① 中央司法体制改革领导小组自2003年5月成立至2012年1月，已经召开了4次全体会议，召集了11次司法体制机制改革专题汇报会，对深入贯彻中共中央关于深化司法体制机制改革的决策部署，对司法体制改革纲要中所明确的各项内容进行严格执行，并按照明确的时间线进行推动，在司法改革领导小组直接推动下，我国的法院体制改革也走上了快车道。“2008年底启动的新一轮司法改革确定60项改革任务，2009年完成17项，2010年基本完成30项，至2011年年底60项改革任务绝大部分已经完成。”②2013年十八届三中全会提出了实现“法治中国”的战略目标，2014年十八届四中全会通过依法治国的决议。

① 万毅. 转折与展望：评中央成立司法改革领导小组. 法学，2003，8.

② 徐昕，卢荣荣，黄艳好. 中国司法改革年度报告(2011). 求是理论网，http://www.qstheory.cn/llzx/201201/t20120115_134886.htm，2012-01-25 访问.

经过近七十年的发展，据《宪法》、《人民法院组织法》、《法官法》等有关法律、法规的规定和近十几年来司法改革的成功实践，我们可以将我国法院体制的现状描述如下：第一，性质与地位。人民法院是国家的审判机关，与人民政府、人民检察院构成“一府两院”体制。第二，组织体系：基层、中级、高级、最高人民法院四级，基层法院可根据需要设置人民法庭。在普通法院之外，我国还设置了军事法院、铁路运输法院、海事法院等专门人民法院。第三，内部机构设置。各级人民法院设立立案庭、刑事审判庭、民事审判庭、行政审判庭、审判监督庭等审判机构，分别负责各类案件的立案以及刑事、民事、行政案件和再审案件的审判工作。第四，“领导”体制。在我国，最高人民法院需要对全国人大负责，地方同级法院对相应级别人大负责，上级人民法院还具有监督下级人民法院的职责。第五，审判决策体制。实行法官个人负责与集体领导相结合的制度。第六，审判独立。人民法院依照法律规定独立行使审判权。第七，人事任免。法院院长的任免不是由地方行政机构进行的，而是由人民代表大会负责。第八，关于财政体制。法院的人员经费、办案经费、基建经费、装备购置经费等均由本级财政负责；但中西部地区的法院，其办案经费不足的部分和聘用人员的工资等，由中央实行转移支付。

五、小结

我国的法院体制发展之路可谓波折丛生，既有初创期，也有严重的破坏期，之后又经历了重建和发展期，尽管目前我的法院体制改革发展形势很好，改革也取得了一定成效，但客观来讲，依然面临着严峻的形势。

目前，我国社会主义市场经济秩序已经初步建立，国家在政治生活领域也在进行着如火如荼的改革，城镇化进程为主要代表的社会转型期到来，从整体上来说，当前我国社会面临的变数非常大，各种意想不到的情况也越来越多，因此，法院体制改革工作也将面临种种想不到的困难。一方面，社会的发展要求我国的司法体制越来越完善，这样才能更好地为我国的经济改革和政治改革提供更为安全稳定的内外部环境；另一方面，随着改革开放和社会转型期的不断发展，各种困难和情况也给我国的司法体制改革创造了更多的阻力。在这种情况下，如果能够将我国司法体制改革纳入一个行之有效的模式之下，那么这样的结果会大大地提高我国民主法治的水平。十七大之后，我国提倡社会主义和谐社会，民主法治和社会公平正义成为我国核心价值目标之一。法治的核心在于规则，没有规则就没有方圆，特别是在国家层面，如果规则不立，那么国家将乱而不治。民主体现的是人们的权利，一方面，人民的民主需要法治来保障，如果法治不立，国家乱而无序，那么人民的权利自然也得不到保障，民主也名存实亡；另一方面，民主对于法治的建立也有一定的促进作用，如果社会人民人人都具有民主的权利和意识，那么社会自然没有那么多的乱而不治，法治社会的目标自然可期。同时，无论是民主还是法治，最终能够体现的都是社会的公平正义，没有民主，公平不在，没有法治，正义不存，只有用民主和法治的力量，让国家的整体面貌更加得好，社会公平正义才能逐步得到体现。

从唯物辩证法的发展观来看，我国民主与法治建设并不是一个框定的标准，因为随着国家和社会的发展，对民主与法治的要求也会随着变化，国家在进行民主法制建设，在进行国家司法体制改革的时候也应当有所调整，只有不断地调适，才能不断地解决新问题，不断地调整社会关系，不断将社会发展得越来越和谐。当然，在这个过程中我们也不能过分地夸大法律的功能，要科学客观的认识法律在社会关系调整中的重要地位。总之，社会在发展，国家法制体系也应随之发展，不断满足社会发展的需要，循序渐进地构建社会主义法治国家。法律体系的不断发展完善，就是法律进化的重要标志。①

第三节　中国法院现行体制存在的主要问题及对策

当前中国法院体制存在的主要问题是法院权力地方化、法院人

① 刘静坤. 回应型法与法治的构建. 人民法院报，2013-10-25.

员管理行政化、法院领导体制多元化、法院决策集权化、法院经费来源多样化，这些问题对法院的正常工作造成多方面的冲击，主要弊端是影响审判独立和法制统一，损害司法公正，破坏司法公信力，因此对此“五化”要采取针对性很强的“去化”措施，如十八届三中全会《决定》就针对法院权力地方化、法院人员管理行政化提出相应的解决之道，是解决法院现行体制问题的指导方针。在这“五化”中，问题最大、弊端最多、解决措施最复杂的是法院权力地方化、法院人员管理行政化，这“两化”是本节着重研究的问题。

一、法院权力地方化

我国现在实行四级法院体系，其中最高人民法院属于中央，省高法、市中级和县基层属于地方法院，这是我国法院体系的基本情况。法律面前人人平等，任何个人、组织和单位都一律遵守法律，法院依法审判，司法权在全国范围内应该是统一的。但是由于我国法院体制存在的一些问题，形成法院权力地方化。法院权力地方化指“地方法院”的司法权受制于地方并偏向于地方，法院的工作评价和人财物都在地方的控制之下，法院的审判不得不符合地方政府的利益，人民法院在地方保护主义盛行的背景下，独立审判的宪法原则受到挑战，司法公正被严重干扰，法制统一遭到破坏。

虽然法院权力地方化违背法治理论和司法理论，在司法实践上也破坏司法公正和公信力，但其形成是有原因的，法院体制问题导致法院权力地方化，法院权力地方化又使法院体制问题变得更为严峻，二者形成逆推的恶性循环。

我国《宪法》、《立法法》、《人民法院组织法》以及三大诉讼法在宏观上保障着我国司法权力的中央性和国家性，即司法权力在全国范围内统一使用。但是，如果我们仔细检视具体的条文以及其在司法实践中的实施情况，则会发现《宪法》和上述法律并不能保障司法权力的中央性和国家性。

（一）法院权力地方化形成的成因分析

（1）法院的工作和工作评价受制于地方人大机关。我国《宪法》

明确规定人民代表大会产生审判机关；地方各级人民法院对产生它的国家权力机关负责。在我国《人民法院组织法》的条文中，提到了地方各级法院要对同级人大负责的规定，在法院实际工作当中，这种“负责”具体表现为地方各级人民法院院长作年度工作报告，以及在本级人民代表大会常务委员会会议上作专题工作报告。无论是年度工作报告还是专题工作报告，人大代表或人大常委会委员都要进行分组审议，然后在全体会议上作出相应的决议(通常采用举手或按表决器的方式进行表决，决定是否通过该年度工作报告或专题工作报告)。虽然在实际中表决不通过的情况极其罕见，① 但这一机制对地方各级人民法院仍有着巨大的压力。为保证其工作报告在人大会议或人大常委会会议上获得通过(有的是希望获得高票通过)，一些地方的法院除认真准备工作报告稿外，还通过走访人大代表、召开座谈会、邀请人大代表到本院视察或检查工作等方式与

① 迄今为止，根据媒体的报道，全国各级人民法院的历年工作报告中经本级人大会议表决未通过的仅有两例：一是在2001年沈阳市人大上，人大代表应到会509人，实到474人，赞成、反对和弃权的票数分别是218、162和82票，同时还有9人未表决，由于赞成未过半数，法院报告未获通过。直接原因是，该中级人民法院的原副院长焦玫瑰和梁福全因涉嫌严重违法违纪被纪委立案审查。而在人大会议开幕当天，该中级人民法院原院长贾永祥也被纪委找去核实问题(姜敏. 从否决到赞成，沈阳人大两次审议法院工作报告. http://news.sina.com.cn/c/2001-08-10.325201.html，2013-12-26)。二是2007年1月24日，在湖南省衡阳市第十二届人大第五次会议上，衡阳市中级人民法院工作报告没有获得通过，举手赞成该报告的代表只有174人，远不足应到代表511人的半数。2天后，衡阳市中级人民法院开始面向社会“开门整顿”，部分法官被清除出审判机关。3个月后，衡阳市中级人民法院的“开门整顿”被人大代表评价为“态度端正，认识到位，措施过硬，效果明显”。但具有讽刺意味的是，2008年6月衡阳市中级人民法院原院长罗安荣、原副院长欧福成与常宁市人民法院原院长刘江因涉嫌受贿罪被检察机关立案侦查。2010年4月20日，罗安荣和其妻子唐中梅(衡阳市公安局法制办原副主任)、儿子罗贝尔(衡阳市人民检察院原干部)被湖南省怀化市中级人民法院一审以受贿罪、巨额财产来源不明罪，分别被判处有期徒刑12年、5年、3年(刘希平，阮占江. 衡阳中院原院长一家3口落马始于中院报告被人大否决. 法制日报，2010-04-29)。

人大代表搞好关系，争取他们的支持。由此，一些地方的法院在具体的办案中就会受到人大代表或人大常委会委员的某些不正当干涉或者自觉、不自觉地屈服于他们的压力(在人大代表为企业负责人而该企业涉案时这种情况尤其明显)。而当法院不得不讨好甚至屈服于本级人大代表或人大常委会委员时，其行使的司法权无疑已经打上了地方性的烙印。

(2)地方党委对法院人事具有管辖权，根据《人民法院组织法》和《法官法》的规定，地方各级法院院长并不由地方政府产生，而是由地方人大产生，同时基于党管干部的规定，地方法院在任命之前，需交地方党委讨论通过，如果没有通过，那么也无法由地方人大进行选举和任命。

(3)法院的经费受制于地方政府。在我国，地方各级人民法院作为地方国家机关，其经费来自本级政府，由政府财政全额拨款，而且实行“收支两条线”原则。在每个财政年度，地方各级人民法院须编制本院的年度经费预算(包括人员工资、各类津贴、办公经费、办案经费、装备经费等)，然后报本级人民政府财政部门汇总和审核，经本级人民政府综合平衡后，提请本级人民代表大会审议，人大会议通过后由财政部门按月或按项目拨付。另外，对于法院建设办公大楼的经费，通常由其向本级政府提出专项申请或争取国债资金；在有的地方，还需要法院自筹一部分资金。

(二)法院权力地方化的弊端

法院的工作、人事、财物都受制于地方使法院权力呈现出地方性色彩，对一些牵涉地方利益案件的审理，要看当地党委、政府、人大的态度，审判的独立性受到严重干扰。例如，很多民告官的案件都以原告败诉而告终，因为被告是当地行政首长，如果败诉，就有可能想方设法刁难法院工作，迫使法院作出有利于地方政府的判决，司法公正也就不复存在了。法院还有可能被迫替地方政府执行某项特殊任务，如拆迁、接待信访。这种体制上的弊端导致法院工作处处受制于地方政府而丧失独立自主性，丧失了中立性而沦为保护地方利益的司法工具，使“地方法院”成为

“地方的法院”，对审判工作的发展、法制的统一、法律的权威都是严重的损害。

(三)法院权力地方化的解决之道

因此，理顺法院体制改革，首先要去法院权力地方化，确保法院的中立性，独立审判和公正司法。《决定》指出：改革司法管理体制，推动省以下地方法院、检察院人财物统一管理，探索建立与行政区划适当分离的司法管辖制度，保证国家法律统一正确实施。这是对法院权力地方化的釜底抽薪，是非常有效的措施。关键一点，就是人财物不再由地方控制，所谓法院权力地方化就是地方通过掌控法院的人财物来影响或迫使法院的权力行使为地方服务，因此法院人财物统一收归中央，法院权力地方化就丧失了生存土壤。关于人事管理的问题，全国人大才有权力对最高院法官进行任免。在财物上，法院的人员工资、办公场所设施经费等都由中央财政统一拨付。

二、法院人员管理行政化

法院人员管理行政化就是法院法官的管理模式套用行政公务员的管理模式。国家机关可以分为立法、行政、司法三种，法院属于司法机关，与立法机关和行政机关有不同的特征和迥异的管理方式，法院人员管理应该有自身的特点而不是套用行政管理模式。

在我国的法院体制建立之初，并没有形成法官人员制度，这种制度是在新中国成立之后才有的，渊源就是1951年出台的《中华人民共和国人民法院暂行组织条例》。1954年宪法将法院与法官均从政府机关里脱离出来，但事实上，法官仍被作为行政机关的工作人员。进入20世纪90年代，中国《法官法》出台，对法官也有了明确的定义，那就是行使国家审判权的审判人员。除此以外，《法官法》还界定了法官在权利、义务、责任等方面的情况。《法官法》为我国构建独立于行政机关的法院人员管理和法官制度奠定了法律基础。但是，《法官法》并没有在法院系统中真正实行，法院人员管理行政化问题依然突出，成为法院体制改革的所亟待解决的重大问题。

(一)法院人员管理行政化的成因分析

(1)《法官法》将法官纳入公务员法的管理范围。2005 年 4 月制定的《公务员法》第 2 条规定："本法所称公务员，是指依法履行公职、纳入国家行政编制、由国家财政负担工资福利的工作人员。"据此，法官被纳入《公务员法》的管理范围。虽然该法第 3 条第 2 款规定"法律对……法官等的义务、权利和管理另有规定的，从其规定"，但由于我国《法官法》制定于 1995 年，条文规定比较简单，因而有关法官选任与管理的事项在实践中有的被按照《公务员法》的规定执行。报考者除需要通过国家司法考试外，还必须参加机关组织的公务员考试，然后按考试(包括笔试和面试)成绩，择优录取。其中笔试科目中，报考初任法官的考生与报考行政机关公务员的考生一样，一般都有"行政职业能力测试"和"申论"两科。这表明，现行的初任法官招聘考试不符合法官的职业特点，科学的做法应当是用"法律职业能力测试"取代"行政职业能力测试"。进入 20 世纪 90 年代，中国《法官法》出台，对法官也有了明确的定义，那就是行使国家审判权的审判人员。除此以外，《法官法》还界定了法官在权利、义务、责任等方面的情况。《法官法》为我国构建独立于行政机关的法院人员管理和法官制度奠定了法律基础。

(2)对法官特别是法院的领导成员仍套用行政级别，按行政职务的级别给予待遇。以县级法院为例，院长是副处(副县级)，副院长一般是正科级(也有副科级的)，院里的其他领导如纪检组长、政治处主任一般也是正科和副科级。至于庭长，虽不是院领导，但至少也是副科级，甚至正科级。在当地党委、政府、人大、政协四大班子单独或联合举行的会议上，法院院长是作为当地领导坐在主席台上，和行政领导没有什么区别，社会上也普遍把法院院长当做领导官员。法院人员的行政级别，实际上将法院纳入国家的行政化的体制中，成为行政体系中的一部分，法院甚至被当做当地政府主管法律工作的职能部门，在潜移默化中自觉遵循行政运作的"游戏规则”。

(3)我国法院体制中党的领导方面，党对干部的管理是一条重要的原则。凡是需要任命的干部需经党委讨论的原则是必须的。人大基本上是走过场，地方党政决定法院人事权。党委推荐司法人员侧重考察的是其政治素质，法官选拔就充满行政化的气息，一些非司法机关工作人员被选到法院做法官甚至院长，这些人并不熟悉法律但熟悉如何做官，一些地方出现“三盲”院长正是当前司法行政化的恶果。法官和其他工作人员一样被统称为“干警”，依照相应的行政级别进行不同的管理。在这个层面上，法院的管理与行政单位没有区别。

(4)由于过于严重的行政化，导致了法官队伍出现了同行政单位一样的官僚化情况，一般来说，司法机构的官僚化的根源在于司法机构行政化，行政化是官僚化的始源。层层级级的法官队伍本身就是参照了我国公务员队伍的情况划分的，这种划分导致了最根本的官僚化。

(5)《法官法》对法官工资、退休、晋升等语焉不详的规定，实际上默认在上述方面与行政人员没有差别，按照公务员的标准享受工资和福利待遇，这也是法院人员管理行政化形成的潜在原因。《法官法》中关于法官晋升、编制等方面的规定不够严谨，缺乏一些实施的细则，比如对很多规定只有粗略的介绍，一些核心的需要切实解决的问题反而用另行规定敷衍，这样的情况必然产生很多的后遗症，同时，在福利待遇上的区别也是法官管理问题的重要表现。这是法官与公务员福利保险上的一点差别，但这种津贴毕竟少，对法官整个工资制度影响不大，法官的工资福利保险与公务员在整体上没有差别。

(二)法院人员管理行政化的弊端

(1)影响审判独立。法官的唯一上司是法律，而公务员的上司就是其直管领导，因此法院人员管理的行政化会误导法官法院的工作取向和价值判断，不是按照法律的要求而是领导、上级法院的意志开展司法工作，法官办案向领导请示，法院办案向上一级法院请示，[1] 法官揣摩领导的意图，下级法院揣摩上级法院的意图，审判被领导和上级意志所左右，丧失了独立性。审判独立对于现代法治极其重要，不独立的审判就会受制于各种法外因素，直接导致司法公正性的丧失。

(2)干扰法官队伍建设。由于法院人员管理行政化，一些非法律专业的人员进入法官队伍甚至当了法院领导，致使法官队伍的业务素质下滑，不胜任本职工作。法院人员管理行政化决定了法官晋升的取决于领导的满意度而不是业务水平和工作绩效，因此法官更多的把精力放在取悦领导的“谋人”上而不是钻研业务的“谋事”上，法官的业务水平得不到提升。因此，法院人员管理的行政化不利于建设一支高素质的法官队伍。

(三)法院人员管理行政化解决之道

法院人员管理如何解决行政化是一个时代命题，对于我国法院体制改革来说也是必须要解决的最重要的阻碍。全国人大第十八届三中全会为这个命题提出了一个解决之道，这届会议上提出了法院人员去行政化的一个总体方案。除此之外，还应对照上述法院人员管理行政化的成因分析，提出针对性的解决方案。如法官招录要加强专业法律知识的考试比重，不得将没有受过正规法律教育并通过司法考试的党委政府和人大官员调进法院当领导。理顺法官与院长、下级法院与上级法院的关系，他们不是行政上的领导的关系，而是业务上的指导关系，因此院长不能干涉法官独立审判，上级法

[1] 2014年3月10日下午，“两高”报告一出炉就引发广泛关注，多位政协委员表示，法院、检察院行政化弊端值得关注，“去行政化”呼声甚高。“我的一个学生任某省高院的法官，他说正忙于和下级法院沟通。一般下级法院审案子之前都跟上级沟通，揣摩上级态度，且这是法院系统普遍现象。我说你这样做，还要审案干什么?”南开大学法学院教授侯欣一委员痛陈。他认为，之所以出现这种现象，是因为我国法院、检察院是行政化管理，法官、检察官都是公务员，上级领导下级，上级领导决定下级法官、检察官的升迁，导致下级什么事都要请示。(魏然，等. 政协委员关注法院、检察院行政化弊端. 大众日报，2014-03-12.)

院不得干预下级法院的独立审判。

三、法院领导体制多元化

法院领导体制多元化指法院接受多重领导。地方法院是四重领导：党委、政府、人大和上级人民法院，最高人民法院是三重领导：中共中央、全国人大、国务院。

第一，党对法院的领导。在我国，中国共产党是执政党，对国家与社会进行全面的领导，党的领导、人民当家作主和依法治国是统一的。党的领导已经写入《宪法》，成为全国人民的基本行动准则。党对法院的领导分为三个层次：一是中央和县级以上各级地方党委对法院的宏观领导；二是中央和县级以上各级地方党委设立政法委员会，对法院进行直接领导；三是法院的人事权归党委。

第二，国家权力机关对法院的领导。司法机关必须接受本级国家权力机关的领导，表现在法院院长、副院长等由人大机关任命，法院对人大负责，要在人代会上做工作报告，人大机关还可以免职法院院长、副院长等，法院与本级国家权力机关是被领导与领导的关系。

第三，政府对法院的领导。因为各级法院都比同级政府在级别上低半格，如国务院是国家级而最高人民法院是副国级，省政府是正部级而高级人民法院是副部级，县政府是正处级而基层人民法院是副处级。虽然在人代会上的“一府两院”报告看似法院与政府是平级的，实际不是同一级别。正因为政府比法院级别高半格，所以就不把法院当做平起平坐单位，而是自己的所属管辖单位，在各项工作上对法院发号施令，把法院工作当作政府工作的一部分。

法院的去行政化可谓任重道远，最初，法院系统是隶属于人民政府的，当时实行的是党政一体化，虽然这是由当时特殊的历史情况决定的，但是中华人民共和国成立以后，整个中国的情况越来越趋于稳定，各项国家社会生活也逐渐走上了正轨。此时，将法院体系从人民政府中脱离出来的必要性愈发重要。1954 年，宪法首次作出了相应的改变，宪法规定法院从人民政府中有条件地脱离出来，但是人事管理、财务管理等方面仍然归属政府管理，这在当时是一种进步，但也存在着一定的局限性，而且这种局限性在我国法院体制中残留了相当长的一段历史，在客观上也影响了法院独立审判权的行使和社会公平正义的实现。一方面，这种遗留导致了法院在行使审判权的时候往往由于人事管理和财务管理的问题受制于行政部门；另一方面，法院在实际工作中往往不能决定自己在财物和人事管理方面的问题，法院在职能发挥上必然因此受到限制，特别是我国社会主义市场经济深入发展的情况下，这种脱节行为必然无法有效地保障经济改革的持续性和稳定性，同时也容易在法院体制内部造成一定的腐败存在。

第四，法院的上下级关系实际上变成领导与被领导关系。我国在司法制度设计框架上，上下级法院之间的关系并不同于上下级行政机关或检察机关之间的领导与被领导关系，这是为了保证各级法院独立审判，不受上级法院的干预。我国宪法第 132 条规定："最高人民检察院领导地方各级人民检察院和专门检察院的工作。"宪法第 127 条规定："最高人民法院监督地方各级人民法院和专门人民法院的审判工作，上级人民法院监督下级人民法院的审判工作。"也就是说，上级人民检察院领导下级人民检察院，但上级法院并不领导下级法院，上级法院只是监督下级法院。《宪法》的规定是各级法院独立审判的保障，是很好的，但执行起来却被各种其他应对之策所消解，以致上下级法院之间关系违背《宪法》规定，变成上下级关系。表现在：(1)上下级人民法院之间在审判工作中是一种审级监督关系，但在实践中也有例外。长期以来，人民法院审判案件实行案件请示制度，即对于重大疑难案件，下级人民法院可以向上级人民法院请示，然后根据上级人民法院的答复意见作出判决。这实际上已经将上下级人民法院之间的审级监督关系变成了行政领导关系。(2)上级人民法院领导下级人民法院的执行工作。在司法改革中，为了有效地解决"执行难"的问题，最高人民法院成立了执行办公室，负责领导与协调全国法院判决、裁定的执行工作，组织建立与实施执行联动机制；在地方各级人民法院则建立执行局，并由省(自治区、直辖市)高级人民法院对全省(自治区、直辖市)的执行工作实行统一领导。

领导体制的多元化限制了法院工作的主动性，因为地方的党委、政府、人大和上一级法院都被当做法院的领导，法院的相当一部分精力放在应付上述领导上而不是自身业务上，甚至自身业务受到上述领导单位的干预，工作总是瞻前顾后，放不开手脚做不到位。这种领导体制应该是适合于行政机关而不是司法机关，按照马克思所言的“法官的唯一上司是法律”，那么法官和法院的本职工作是依法办案，法官和法院是没有领导的，如果有也只能是无人格的“法律”而非人格化的官员。

解决之道是将法院的多重领导变成单一领导，即党的领导，而且党对法院的领导是大政方针的领导，而不是具体的诸如工作和人事管理等方面的领导。政府和人大和上级法院都应该是指导监督法院工作而不是直接领导法院工作，确保各级法院的审判独立。

四、法院决策集权化

法院决策集权化指法院审判的决断权最终集中于庭长院长而不是赋予直接审理案件的法官，因此对法官审理案件是一个严重的干扰。造成法院决策集权化的原因是：

首先，我国法院实行院长、庭长审批案件制。我国法院一直实行院长、庭长审批案件制度，合议庭和独任庭审理的案件，在开庭审理后都必须写出审理报告，提出处理意见，连同拟写的判决书和全部案件材料逐级报请院长(或主管副院长)、庭长(副庭长)审查批准，院长、庭长有不同意见的，可以直接改变合议庭或独任审判员的处理意见，然后签发判决书、裁定书。随着审判方式改革的发展，这一制度越来越受到法学界的诟病。众所周知，在法院和审判业务庭中，院长和庭长是行政领导，握有审判员的升迁及奖惩等权力，对于院长和庭长的复议意见，合议庭少有不服从的，因此将“审批”改为“审核”并没有太大的变化，两者无实质上的差异。而且，院长主持法院的全面工作，并无太多的时间和精力审批案件，因此实际上，在各个法院，审批案件是由各主管副院长进行的。

其次，我国法院实行审委会制度。修订的《刑事诉讼法》则扩大了审判委员会讨论案件的范围。审委会被作为推卸个人责任或排除外部干扰的挡箭牌，将上述规定范围以外的许多案件也交由审判委员会讨论决定。

法院决策集权化严重违背审判规律，造成“审者不判，判者不审”的审判分离。审判分离就彻底违背“司法的亲历性原则”，即法官只有在法庭上倾听了当事人的诉求、亲自接受了看了当事人的诉状、听了双方律师的代理，才能够作出一个合理性判断。就此而言，法院审判不能决策集权化，而是分权，将全部决断权赋予主审法官，才能保证审判排除各种干扰，真正做到独立审判、依法审判、公正审判。

这种决策集权化，使法院领导可以滥用职权却不负责任，好处要拿来坏处可推掉。而审理法官处在尴尬的位置上，案件办好无功，功劳是领导的；案件办不好有过，即使是领导的过错也常常推到法官的身上，法官感到过工作的委屈和压抑，对工作产生厌倦抵触情绪，一些法官的辞职也与此相关。

解决之道是严格审判责任制，让审理者裁判，由裁判者负责，审判合一，权责分明。因为法官的审判合一，有了判决的权力，才会有努力审理好案件的动力，这样案件审理好了就是法官的功劳，审理得不好就是法官的过错，甚至被追究责任，这种奖惩分明的机制就会激励法官努力审理好每一个案件，而法官由于被赋予判决权，因此也能够审理好每一个案件，真正实现十八届三中全会《决定》所提出的，“让人民群众在每一个司法案件中都感受到公平正义”。

五、法院经费来源多样化

经费是法院工作的基本保障。法院的经费来源如下：

第一，本级财政拨款。财政拨款是法院最重要的经费来源，各级法院是由本级财政拨款的。我国最高人民法院的经费由中央财政负担，而由于中央财政比较充裕，因此最高人民法院的经费有充分的保障；地方各级人民法院的经费由地方本级财政负担，而各地经济发展极不平衡，东部地区普遍比较富裕财力充足，对法院的拨款充足；而中西部地区特别是西部地区经济不发达，财力不足，对法院的财政拨款也不足。即使同一省份，各地市的财政实力也相差甚远，例如湖北省的武汉市财政实力远远超过其他地市，因此武汉市中院所获得财政拨款远远超过其他地级市，就人均经费而言也远远超过湖北省高院。

第二，中央财政转移支付。近年来，中央逐步加大了财政转移支付的力度，部分地区法院的财政体制已由原来的三级财政变为二级财政(即由原来的省、市、县三级变为现在的省、市二级)，从而极大地促进了地方法院财政状况的好转。

第三，诉讼费收入或罚没财物的返还部分。关于这部分财物，地方上一般会作如下处理，或者是将之全部上缴不做自留，也有的是在上缴之后获得部分返还，当然也有的是确定基数，超过基数的就按比例返还，没有超过基数的不返还。

这种法院经费来源多样化所造成的弊端是：(1)落后地区经费不足，导致人员工资低，一线法官月工资只有两三千元，连基本生活都解决不了，低工资吸收不了优秀人才做法官，甚至一些优秀法官辞职改行，人才流失较为严重，低工资还打击了法官的工作积极性，使他们在生活压力下不能安心做好本职工作。(2)落后地区经费不足，办公场所缺乏，办案设施简陋，正常的法院工作都无法开展。(3)把诉讼费反拨作为经费来源，法院就成了相关利益主体，这就使法院具有滥收费的动力和可能，必然影响到司法公正。

法院作为国家机关，经费来源应该是唯一的，就是财政拨款。经费来源的多样化不利于公正司法，法院为了筹集经费必然滥收费罚款和其他腐败行为，甚至收费多的案件另眼相看积极办，收费少的案件看不上眼消极办，把工作的焦点放在经费收入上就偏离了法院工作的正规轨道，因为公正、效率、便民等才是法院工作的价值取向。

只要法院体制的财务管理权仍属于地方政府，那么就很难从根本上解决这个问题，要做到根源解决，就必须建立独立的隶属于司法体制的预算制度。一般来说，对于靠财政拨款的法院体系来说，如果没有明确的收支规定，或者收支和预算等都不归自己管，就很容易产生这样或者那样的问题，具体来讲，取消“收支挂钩”，落实“收支两条线”的规定，诉讼费收入与法院经费支出脱钩，以收定支的老办法退出。这样，通过经费来源的一元化来保障法院充足的经费，法院不再为了经费花费精力，甚至走歪门邪道，而是把全部精力放在司法工作上，这样才能做到审判独立和司法公正。

第二章　中国法院体制改革的价值定位

法治是我国治国理政的基本方略，依法治国是立法、执法、司法和守法的有机统一，其中，司法是依法治国的重要环节，司法从“应然”到“实然”的运转过程，折射出该司法体制是否追求公平正义、是否权威高效、是否人权至上，验证了该司法体制能否真正成为依法治国的保障。全面深入地开展司法体制改革，是推进法治中国建设和实现司法现代化的制度支撑，也是促进国家治理体系和治理能力现代化的现实需求。

第一节　司 法 正 义

一个社会中如何看待公平正义这个问题在一定程度上显示了社会本身公平正义的程度，在现代文明社会，公平正义可以看做是一个永恒的主题，因为这是一个需要持续追求的目标，对于司法体制改革来说，也是一个先决的条件。如果对公平正义的看法不正确，那么也很难在司法体制改革的过程中很好地理解和贯彻这一价值取向。在司法体制改革过程中，公平正义实质上包含了两个层面，首先是程序上的公正，其次是实质性的公正，这两个方面缺一不可，不然就不是真正的公平正义。在国家司法体制改革过程中，应当将公平正义这一价值取向始终贯彻于全过程，并且将之作为司法体制改革的方向性引导，改革要围绕公平正义，要体现法律面前人人平等的要义。在这样一个核心引导之下，我国的司法体制改革才能不断地针对审判权力形式行政化、司法权力地方化等方面进行改革，不断修正司法体制中不合理之处，完善司法体制改革整体架构，始终将推动中国司法体制改革作为目标。同时，在公平正义的指引下，司法体制改革也能有效地避免一些不必要的阻碍，不断提高司法体系的公信力和权威性。

法律是实现社会公平正义的一个重要手段，但又不是唯一的手段，除了法律之外，在社会生活中还有道德、民俗以及仲裁和调解等方式解决不公、维持正义。但无论如何，在以上各种方式中，法律是最有效，也是最具力量的，因此在国家社会生活当中最终还是要通过司法体制的不断完善，法院体制逐渐发挥其应有的职能，才是最终解决社会问题、实现公平正义的手段。就法律手段本身来说，也是一个比较复杂的过程，这需要立法、执法和司法等共同发挥作用，才能保证最终的法律效果。其中，立法是最基本的环节，没有很好的立法，就没有针对性的法律可以实施；执法是关键环节，没有科学合理的执法，再好的法律也是摆设；司法可以作为整个过程中的保障，在法官具备了普遍的正义品质后，司法事实上可以作为实现社会公平正义的最重要形式。

法学家罗尔斯说过，“正义是社会体制的第一美德，就像真实是思想体系的第一美德一样”，“法律和体制如果是不正义的，那么无论它们多么有效，多么有条不紊，也必须会为人们所改革或废除”①。这就是说，所有的司法活动最终的体现就是社会公平正义。

在司法正义中，程序的正义也是非常重要的，司法机关为了实现公平正义，必须严格地按照法律预定的程序和规则来开展相应的审判活动。相对于司法正义中的其他方面，程序的正义也可以作为一种价值标准，但是这种标准不是直接能够体现的，而是需要通过具体的审判活动才能体现出来。再者，司法程序正义是通过实体正义中衍生出来的，无论是程序正义还是实体正义，最终的价值体现都是社会公平正义。

我国法院体制改革选择司法正义作为其中重要的价值选择，其中最重要的一个原因就是司法正义自身的功能，为什么这么说呢，

① ［美］约翰·罗尔斯. 正义论. 谢廷光译. 上海：上海译文出版社，1991：3-4.

我们知道司法正义的直接目的是维护受害者利益，矫正不正当审判导致的社会扭曲，最终达到恢复理性社会秩序的目的，从这个层面上来说，司法可以作为社会正义的最后一道防线。也正是这个原因，司法才受到社会普遍的尊重和信任，而法院体制改革无疑是将这种尊重和信任体现在维护公平正义的实践中。只是目前，我国法院体制当中还有诸多弊端不利于社会公平正义的实现，因此要改变现状，就必须更加科学地进行法院体制改革，革除不利于社会公平正义实现之处，最终让我国法院体制满足社会对其应有的需求。

第二节　保障人权

中国新修订的《刑事诉讼法》和《民事诉讼法》于 2013 年 1 月 1 日开始实施。两大程序法强化了人权保障，并凸显程序正义的价值。相对于之前的刑事诉讼法的修改，本次修改可谓是颠覆性的，无论是流程上的各个环节，还是注入举证制度等外围因素，都具有非常大的改变。在民事诉讼法方面，改变也非常大，从范围上来说，本次修改包含七个领域，有些改变非常具有新意，比如公益诉讼和小额诉讼的确立，还有包括管辖权方面的设置都是较之以前变化巨大。其中，新的刑事诉讼法还首次将“尊重和保障人权”写入了刑事诉讼法的总则当中，修改后的刑事诉讼法更加有利于弱势群体的保护，比如，对未成年人的保护，未成年人犯人的回归社会，等等。在民事诉讼法中首次将公益制度写入法律，如还包括修改后的民事诉讼法建立了小额诉讼制度。

在我国司法体制改革过程中，一定要注重体现司法体制改革的核心目的，那就是对公平正义的追求，而且在执行过程中还需要不断做到以人为本，司法体制改革的目的本身就是对人的保护，人权保障应当作为司法体制以后专注的一个焦点。在以往的国家集权治理模式下，往往会出现维护国家利益而忽视个人利益的现象，随着法律将国家要保障和尊重人权写入法律，我国对人权的保护进入了一个新的阶段。例如逐渐减少使用死刑罪名的规定和对死刑的一般另行等方面都有所体现，这些在细微之处都体现了对人权的尊重。

法院体制改革不仅仅是要保障人权，而且也需要尊重人权，这是将法院体制改革的核心归结于对人权的保障之上，正是这一价值诉求引领着我国司法体制改革逐渐走上以人为本的道路。一方面，这种保护要体现在对公民生命权的保护上；另一方面，要体现在对公民自由权利的保护上，特别是以前在审判阶段容易产生的严刑逼供方面，以及要健全冤假错案纠正机制方面都是需要特别注意到的方面。

在新的刑事诉讼法里面建立律师辩护制度，以及对律师执业方面的保障新规定，都是出于更加严谨地执行对人的权利的保护，没有冤假错案本身就是一种重要的进步，这是在司法体制改革方面必须要严格执行的。律师在参与审判和阅读案情的时候也会极大地减少徇私舞弊的机会，因此可以说，律师诉讼制度的保护对于国家法院体制的改革是一个非常重要的积极因素，在一个案件的各个环节，可以及时地咨询律师意见以作为对案件审理和判断的参考，极大地减少了冤假错案的发生。

再一点就是在新的刑诉法中所规定的公诉案件中被告人有罪的举证责任由人民检察院承担，自诉案件中被告人有罪的举证责任由自诉人承担。在这种制度下，案件的审理不能强迫任何人认罪，这本身就是对人权的一种巨大的保护。而且新刑诉法明确规定在刑事诉讼的任何阶段，均应注重对人权的保护，不能因为主观认为就理所当然地判断，需要尊重被告人的权益，这是对司法公正的一种维护，也是对被告人人权的一种保护。新的刑事诉讼法规定，“第二审人民法院发回原审人民法院重新审判的案件，除有新的犯罪事实，以及人民检察院补充起诉以外，原审人民法院不得加重被告人的刑罚”。有了这个规定，上诉不加刑的条款真正落实到了实处。另外，关于发回重审的规定相比之前也有了很大的改善，新规定是这样的，无论是被告人还是辩护律师，对于死刑复核的参与都属于最后一道程序，因为这个直接关系到被告人的生死，所以更应当听取律师意见，毕竟尊重生命是最大的尊重，也是对犯罪嫌疑人人权的保护，即便是犯罪嫌疑人，他们也是具有最基本的人权的，同时一系列关于羁押和传讯的新规定都对非法传讯和刑讯逼供作出了严格的限制。这些规定如传拘的时间不能超过12个小时，而且案情特别严重、复杂时需要采取拘留的，传拘时间也不能超过24小时。对于患有严重疾病以及生活不能自理、怀孕或者处于哺乳期的妇女，取保候审不至于危害社会的，也可以采取取保候审的制度，这些都是对人的基本权利的一种保护。

第三节　司法效率

在我国司法体制改革中，有一点非常关键，那就是要做到保障司法执行的权威和高效率，如何才能做到这一点呢，这是一个非常重要的问题，这个所涉及的就是通过司法效率来提高司法审判的权威性和公信力。另外，如果司法审判活动具有相当的司法效率，那么在一定程度上也是对社会公平正义的一种保障。在一般情况下，司法资源同其他资源一样是有限的，避免司法资源浪费必须要维护司法审判的权威性，有了司法权威性，也能有效地避免司法资源的重复利用，这在一定程度上就有利于司法效率的提高。如果从字面意义来理解，什么叫做司法效率，那么就是利用最少的司法资源达到最大化的司法效果，这就是司法效率，这种高效的司法效率是我国法院体制改革的一个重要标准，也是司法体制改革的价值目标所在，所以司法效率体现的不仅仅是量上的效率，更是质的价值追求。

说到效率，就要考量投入和产出的比例关系，只有尽可能少的投入还能获得尽可能多的回报，这样的才算是有效率，那么在司法领域，我们如何来通过投入和产出来评价这种效率呢。首先，我们要考虑成本问题，只有成本降低了才是效率的前提。在司法关系中，成本的投入主要表现在三个方面：其一，是人力成本，每一项当事人参与的活动，都不可避免地产生各种物化的成本，如诉讼费、代理费等。其二，是整个诉讼产生的时间成本，在这段时间内产生的其他各种成本，这都是在计算效率时的投入。其三，是由于不公裁判导致损失以及造成的社会资源的浪费和重复使用等情况，这些情况出现都会降低司法效率，尽可能地降低这种成本，是提高司法效率的一个重要方面。①

刚才是从经济学上对司法效率进行的解析，从司法本身来说，司法效率是法律所追求的内在价值之一，也是社会主义民主法治的本质所在。在我国，如果司法效率足够高，那么就相当于维护人民权益、打击犯罪的效率高，这在本质上是对社会主义民主法治的一种加强，也是促进社会和谐的内在要求，司法资源的合理利用，是提高司法效率的基本手段。

我国在改革开放之后，经济领域取得了巨大的成就，不可避免地也导致了很多社会问题的出现，这个时候如果国家司法机关能够合理高效地利用司法资源，保护人民群众合法权益，打击各种违法犯罪，那么我国的整体社会情况将会更加良好，也将有助于进一步为国家经济的腾飞准备良好的内部和外部环境。改革法院体制，要从法院体制的方方面面着手，要下放权力给具体承办案件的司法人员，要尽可能地减少司法机构的行政化行为方式，减少不必要的中间环节，才能从根本上提高法院体制的办事效率，提高司法效率。改革法院体制，将权力下放给具体承办案件的司法人员，最大限度地减少内部汇报、审批环节。在我国，诉讼效率不高、办案周期过长、司法进程延宕也与司法体制有关。我国法院体制是高度行政化的，案件承办人员对于自己承办的案件通常没有自主决定的权力，他们在办案中需要向庭长、法院院长、审判委员会或者部门领导、检察长、检察委员会汇报，这些汇报环节往往成为办案的瓶颈，司法效率也因内部设置的环节过多而变得低下，因此，减少内部汇报、审批环节，将权力下放给具体承办案件的司法人员，是减少司法资源浪费、优化司法资源配置的重要措施。

第四节 审判独立

一、独立审判是实现法律价值——公正的保障

公正，是法律的精髓。不论哪个国家的法律，都确立了公正的

① 王利明. 司法改革研究. 北京：法律出版社，2000：75.

精神。法院审判案件适用法律就是将确立在法律中的公正在实际生活中体现出来并发挥其功效，法院审判如果不公，法律就没有得到实施。可以说，立法中的公正是一种静态的公正，司法公正则是动态的公正，法律中蕴含的公正期待着通过司法行为体现出来它的价值。在这一过程中，法院的职能是以第三者的身份，居中裁决纠纷。这种职能的特殊性决定了司法权威是社会公认的权威，是法制中的最高权威。如何维护司法权威呢？独立审判是最根本的保障。这就要求法院不加入任何一方，不介入任何利益，保持独立地位，才能既实现程序公正，又实现实体公正。因此，实现公正是行使审判权的根本，独立审判则是实现公正的保障。

二、独立审判是实现依法治国方略的重要手段

党的十五大把依法治国作为治国方略正式确定下来，确立了建设社会主义法治国家的战略目标。而法治的实现是要通过立法、守法和执法来实施各类法律，实现法治精神。立法机关制定完备、先进的法律，使国家生活的各个领域处于有法可依的状态，这是实现法治的第一步。但是“徒法不足以自行”，如果有法不依、执法不严、违法不究，那么再好的法律也只是一纸空文。从这个意义上来讲，法律的实施和遵守，是实现法治的更重要的环节。在这一环节中，法院以其特殊的地位担负着适用法律的使命，使法律维护社会秩序、调整社会关系、规范社会成员行为的目标得以实现，其作用尤为显著。因为作为国家审判机关的人民法院，对一切法律争议有最终裁判权，它的裁判是给予受到侵害的权益补偿的最权威的手段，是维护社会公正、保障法律实施的最后一关。因此，建立公正的司法制度对于实现依法治国具有重要意义，只有人民法院严格依法公正审判，依法治国才能得到可靠的保障，才能最后实现。而公正的司法制度又是以法院独立审判，不受任何干涉为其前提条件。所以，独立审判是一项重要的法治原则，是实现法治的重要手段。正因为如此，党的十五大确立了依法治国的方略后，党的十六大进一步提出“推进司法体制改革，从制度上保证审判机关和检察机关依法独立地行使审判权

和检察权”。这既表明了独立审判的重要意义，又说明了中国共产党已将司法改革、保证法院独立审判的工作提到了治国方略的高度，摆到了改革的日程上来。

第三章　中国法院审判体制改革路径

第一节　中国法院审判体制改革的思路

我国现有的审判体制酝酿、初创于中国共产党 1949 年取得政权、建立新中国之前。1931 年以前，工农民主政权便在各根据地建立起革命法庭，在中央实行审判、司法行政权分开的“分立制”，在地方采取“合一制”，审判机关的组织体系分为四级，实行两审终审制。检察机关设在审判机关内，实行“审检合一制”。工农民主政权通过颁布《裁判条例》和有关《司法程序》的训令，确立了一系列诉讼原则和审判制度，主要包括审判权统一由司法机关行使原则、公开审判原则、禁止肉刑逼供的原则、合议和陪审制度、死刑复核制度。抗日战争时期，冀鲁豫边区、陕甘宁边区等地的抗日民主政权颁布了保障人权的单行条例，如陕甘宁边区政府颁布了《陕甘宁边区保障人权财权条例》，规定了在司法活动中保障公民人身自由的程序要求。解放战争时期，人民民主政权确立了合法的传讯、拘捕和搜查程序，以及审判权统一由司法机关行使、禁止使用肉刑和乱打乱杀、案件复核、平反已决案件、便利群众的原则和制度。中华人民共和国成立后，我国主要借鉴甚至照搬了苏联的审判体制和审判模式。直到 20 世纪 90 年代，我国的审判体制建构和调整才采取了多元取向，包括借鉴西方法治国家的先进经验，这个过程迄今为止还在持续。审判机关是国家提供的解决社会各种纠纷的一种机制，有着举足轻重的作用。

一、我国法院审判体制改革的目标

我国当前的审判体制改革，服务于实现司法公正的总体目标。审判体制的运作是审判机关和审判人员将法律应用于具体案件的处理活动，这个过程是在一定价值规范支配下、为实现预期的法律价值而展开的，司法公正就是其中一个核心价值。笔者认为，改革的审判体制应该实现以下目标：首先，有利于实现实体公正，审判体制的科学化要求案件的真实性，同时也强调了司法实施的效率性。其次，有利于实现程序正义，诉讼程序正义的实现有助于诉讼实体的公正，进行法院审判体制改革有助于实现程序正义。再次，有助于司法廉洁，缺乏有效的保证廉洁的机制，是司法领域滋生腐败的原因之一。审判体制改革的目标之一是增进司法廉洁，遏制司法腐败的滋生蔓延。最后，有利于提高诉讼效率，公正、廉洁是审判机关的内在要求，除此以外高效的工作有助于法律正义的实现，通过法律体制改革，提高法官人员素质和修养，能够有效地提高审判效率。

二、我国法院审判体制改革的途径

（一）根据中国审判体制存在的问题展开改革

现有的制度存在弊端，因此对症下药地加以革除，实现制度革新，更好地发挥制度功效，这就是改革的意义所在。我国的审判体制运作数十年，虽然成就巨大，但也存在不少问题。我国的审判体制改革不能为改革而改革，改革需要有明确的目标，必须有针对性地解决审判体制存在的问题。

（二）从我国传统审判体制建构中汲取智慧改革现行审判体制

我国有着悠久的司法历史，即使是晚清引入现代审判体制以来，也已经经历了一百多年。在这个过程中，从晚清到民国、从中国共产党的瑞金地区以及陕甘宁边区到改革开放，司法经验的积累也达到了相对深厚的程度。我们进行审判体制改革，眼光所及的范围不应过于狭窄，不能局限于现在，也不能局限于向域外寻求启发，而应当重视古人的智慧和前人在审判体制现代化过程中所作的尝试和积累的经验。我们有着十分丰富的本土资源，对于这些资源应当充分加以利用，这样我们才有足够的智慧去发展甚至创新一个优良的本土审判体制。

三、我国法院审判体制改革应当重点解决的两大问题

目前，我国审判体制还存在诸多问题，最要害的是两大问题：一是审判体制行政化问题；二是审判机制地方化问题。这两大问题的存在对于司法公正具有明显的干扰和妨害作用。我国当前的审判体制改革要取得明显成效，不能不触及这两大问题；审判体制改革成功与否，也应以这两大问题是否得到很好的解决为衡量指标。

（一）审判体制行政化

司法权的配置和司法运作有着自身的规律，尤其是审判权及其运作与行政权及其运作有着明显差别。审判机构和审判人员的管理应当按照司法规律进行，而不能与行政机关和行政人员的管理相混同。行政是国家专门机关基于其法定职权进行活动具有的一种行政作用。行政的特性是：具有积极主动性，行政机关依据国家或人民的需要积极、主动发挥行政职能作用；行政机关有着较大灵活性，可以依其职权，在法令范围内衡情度理，依自由裁量权对行政事务妥为处理；行政活动具有普遍、广泛性，任何机关及人民都可以成为行政的客体；行政具有整体性，为达到行政目的，服务于国家和人民的需要，设官分职，力求分工合作，相互协调配合，以实现公正高效。① 行政的上述特性与审判存在相当大的差异，现代的审判机关普遍实行不告不理原则，恪守司法的克制性、消极性，积极主动并不是审判机关的特性；审判机关对于法律有严格的依附性，虽然审判人员依法也行使一定的自由裁量权，但与行政活动相比，范围较为狭窄；审判人员与行政人员不同的是，前者履职

① 张载宇. 行政法要论. 台北：汉林出版社，1977：7.

要有高度的独立性，后者则需要上命下从、协调配合。但是，长期以来，我国审判体制的运作缺乏对审判规律的把握和尊重，审判机构和组织的设置以及人员的管理都与行政机构、组织和人员管理存在混同的现象，上下级法院之间本来是监督关系，实际上已经变成了领导关系。这些行政化表现由于违背司法规律，阻碍了司法公正的实现，也妨碍了审判效率的提高，需要通过深化审判体制改革加以解决。

（二）审判机制地方化

审判机制是一种国家机制，是国家提供给全社会的用于定分止争的一种专门设置。法律的普遍适用性和公平正义的社会需求要求法律适用必须超越地域，真正实现司法的公平与正义，这就要求审判机关脱离地方的控制，实现去地方化。列宁为苏联检察体制量身打造的垂直领导体制就是为了使检察机关摆脱地方控制，使之真正承担起保障法律正确、统一实施的职责。检察机关尚且如此，审判机关更应具有超越地方控制的体制安排。我国当前存在较为普遍的地方保护主义。所谓地方保护主义，是指地方政权机构及其成员，为维护或扩大该地方的局部利益而不顾国家、社会的整体利益，甚至存在违背中央政策和国家法律法规的倾向和现象。地方保护主义有明显的危害性，这种倾向和现象渗透到审判活动中，使审判机关不能公正司法，甚至形成审判机关自觉维护地方局部利益的状况。这种司法领域的地方保护主义与审判机制的地方化具有密切关系，要摆脱地方保护主义，就必须使审判机关的人事权和财政权摆脱地方控制，另外还需要改革党对政法领导的体制，如只保留中央政法委员会，最多保留省级政法委员会，取消地、县两级政法委员会，以保障党对政法工作的领导是大政方针的领导，防止各地方政法委员会对个案的干预。近年来，法律界对于摆脱审判机制的地方主义呼声很高，审判体制改革不但应该理顺审判机关的内部关系，也应当理顺审判机关的外部关系，使国家权力的配置科学化和民主化，这显然是司法公正所要求的改革内容。

第二节　中国法院审判模式的改革

一、古代纠问式审判模式

如果按各种审判模式产生的顺序，我们可以将其列举为早期的弹劾式诉讼、盛行于中世纪的纠问式诉讼到近现代的当事人主义诉讼、职权主义诉讼和混合式诉讼等几大审判模式。

观察欧洲刑事诉讼制度的发展历程，可以看出，纠问式诉讼这一审判模式的某些特征为职权主义审判模式所吸收，至今在司法实践中仍发挥着影响力和实际作用。纠问式诉讼的本质特征是法官主动依职权追究犯罪，将其与弹劾式审判模式进行比较，可以看出它具有以下一些特征：

第一，在纠问式诉讼中，控诉职能与审判职能不分，集于法官一身。而在古代弹劾式诉讼中，法官消极、被动，司法保持克制。

第二，在纠问式诉讼中，刑事诉讼的开始和推进，取决于国家官吏主动发现和追究犯罪。而古代弹劾式诉讼的典型特征是：控诉与审判职能分离，实行不告不理原则，控告由私人提起。

第三，在纠问式诉讼中，原告人和被告人都没有诉讼主体地位，庭审前的调查活动是秘密的，法庭审判一般也不公开。

第四，纠问式诉讼与野蛮的刑讯紧密地结合在一起，被告人成为被拷讯的对象。我国古代长期实行纠问式审判模式，司法与行政不分，法官主动依职权追究并调查犯罪，集侦查者与审判者于一身。由于法官承担着发现案件真相的职责，为了保障这一职责的落实，刑讯成为法定的取证手段。

古代纠问式审判模式中某些特征对于当代司法仍然有着潜移默化的影响，当事人诉讼地位不高、诉讼权利受压抑、侦查过程中刑讯逼供成为普遍现象等，都在一定程度上反映了古代纠问式审判模式的影响，这是在当今进行审判模式改革需要着力加以革除的。

二、我国近现代以来的审判模式

我国自清末修律变法以来，即以大陆法系的德、日等国为取法对象，采行大陆法系的审判模式，直至 1949 年政权更迭为止。1949 年以后，我国司法取法苏联审判模式，具有明显的大陆法系审判模式的特征，司法注重发现案件的客观真实，对于发挥法官在调查案件方面的主动性十分重视，体现为法官在法庭调查中主动推进诉讼进程，主动依职权调查证据，特别是合议庭拥有一系列庭外调查的权力。在我国，这种仿效苏联建立起来的审判模式被一些学者说成是强职权主义审判模式，其最受诟病之处在于，法官职权作用过大，诉讼中大包大揽，控辩双方的作用不能充分发挥，辩护方的权利运作空间被极大压缩，诉讼缺乏对抗性，纠问色彩浓厚，审判流于形式。

三、我国审判方式的改革取向

对抗制是与审问制相区别的审判模式，主要为英美法系国家或者地区所采行。如今两大法系审判模式互相借鉴、吸收，使各自都带有一定的混合色彩。更有日本和意大利等国兼采当事人主义诉讼模式和职权主义审判模式的因素，成为混合式诉讼的国家。

自 20 世纪 80 年代末，我国开始进行民事审判模式的改革。改革的起因是：法院在审理民事案件和经济纠纷案件时，忽略了当事人的举证责任，法官承担了大量的调查、收集证据的工作，甚至在庭外东奔西走，进行调查取证；改革前的审判存在的一大弊端是"先定后审"，即不是运用庭审来查清案情，而是在通过庭外活动将案情基本查清甚至认定以后才开庭，从而造成开庭审理流于形式。为克服这些弊端，法院系统开始了以强化和落实举证责任为主要内容的民事审判方式革新。自此之后，强化责任人证明责任和落实处分原则成为庭审方式改革的方向。

我国通过 1996 年、2012 年先后两次对《刑事诉讼法》的修改而建立的法庭审判机制具有明显的混合色彩。具体表现为如下特点：

第一，强化控、辩双方的积极作用，为控、辩双方的举证和辩论留下更多空间。在审判活动中，审判长是法庭的组织者和指挥者，同承办本案的其他审判人员一起履行着审判职能，他们在庭审中的作用是不可或缺的。不过，审判权的具体构成内容仍有很大的伸缩性。在进行刑事庭审方式改革之前，法官的职能作用过于积极，而控、辩双方的职能作用过于消极，后者通常仅在专门的辩论阶段发表意见，诉讼中的对抗性较弱。这种制度设计使控辩双方的积极性得不到充分发挥，法庭审判往往流于形式。针对这种状况，立法机关在修改《刑事诉讼法》时对庭审方式进行了改革，强化了控辩双方的对抗作用。公诉人在宣读起诉书后，直接讯问被告人、证人、鉴定人。被告人、辩护人一方对于本方提出的证人、鉴定人，要由自己首先进行询问，对于本方收集的证据材料要自行当庭出示、宣读。法官只在控辩双方进行讯问、询问后作补充性的发问，对于控辩双方收集、提供的证据材料不再承担出示、宣读的工作。由此可见，我国的庭审方式强化了控辩双方的职能作用，有利于在庭审中调动双方的积极性。

第二，保留了审判人员主动依职权进行调查的权力。我国《刑事诉讼法》没有完全采取当事人主义庭审模式，而规定法院享有对案件事实、证据的调查核实权。它要求审判人员在控、辩双方充分发挥职能作用的基础上，不仅有权主持审判、维护法庭秩序，而且对被告人、鉴定人和证人的补充性调查都是被许可的，毕竟庭外调查核实是司法活动的重要组成部分。我国刑事诉讼在借鉴英美当事人主义诉讼模式时仍然保留了大陆法系职权主义诉讼模式的特点。

第三，法庭审判方式更加灵活。法庭辩论不仅可以在专门的辩论阶段进行，而且在法庭调查阶段控辩双方就可以对证据和案件情况发表意见和互相辩论。

四、我国法院审判模式存在的问题

第一，未能防止预断。审判制度的安排重在维护公正，祛除预断。《刑事诉讼法》在法院对公诉案件进行审查的程序设置方面仍存在明显缺陷：法院对公诉案件的审查只是侧重于程序性审查，而非纯粹的程序性审查，因为《刑事诉讼法》并未禁止审判人员开庭审判前接触证据，而是规定检察院在提起公诉时移送主要证据复印件、照片或者案卷材料、证据，这一规定使审判人员在开庭审理前仍然有可能因接触证据材料而产生预断，因而并不能杜绝刑事诉讼中曾经存在的“先定后审”、“先判后审”的弊端，亦即仍然容易使审判人员在开庭前形成先入为主的认识，不利于以持平公允的心态主持诉讼活动和作出裁判。

第二，法律上未能明确规定人证调查的交叉询问制度。现行规定是原来职权主义诉讼的一部分，要糅进与其难以相容的交叉询问制度，难免不伦不类。另外，法律(包括司法解释)也未规定，控辩双方可以向被害人和附带民事诉讼原告人发问，这也是立法中的一个漏洞。

第三，诉讼进程由审判人员主动依职权推进，当事人在推进诉讼进程方面的作用相对较弱。在对抗制诉讼以及吸收其因素的混合式诉讼中，一般都以当事人提出申请和异议等方式推进诉讼进程，但在我国庭审中，审判长拥有绝对权威，审判长可以主动调查证据或者制止对证人、鉴定人与案件无关的发问，还可以反复主动地依次向公诉人和诉讼参与人征询对某项事实、证据的意见，公诉人和诉讼参与人则在被问及时才能发表意见或者表示没有意见。这种主动依职权推进诉讼进程的做法，是职权主义的重要特征之一，也是使刑事庭审的对抗性削弱的原因之一。在司法实践中，更有一些审判人员限制公诉人、辩护人在法庭辩论中的发言，要求双方发言最多两次，每次限制在十分钟内，这种做法在以法官自我克制为特征的对抗制诉讼模式中殊难想象。

第四，控辩双方的诉讼地位仍不具平等性质，在刑事诉讼结构中不能形成“正三角形”构造。与庭审方式改革之初的热烈预期相异的是，尽管有学者乐观地将我国刑事庭审方式视为一种当事人主义的对抗模式，但实际上它不仅在法律上与真正的对抗制诉讼存在不小的差距，而且其运作效果仍体现出较浓厚的职权主义诉讼的色彩。

第五，缺乏与交叉询问制度配套的证据规则。我国刑事诉讼要借鉴当事人主义诉讼模式，增强诉讼的对抗性，就需要建立一系列证据规则，如关联性规则等。上述证据规则，按照外国立法例，特别是英美国家的立法例，既有一般原则，也有诸多例外，我国刑事诉讼加以借鉴时，应当进行深入研究，对成熟的内容作出规定，而不能简单化处理。

五、我国法院审判模式的再改革

我国在原有的职权主义诉讼模式的基础上适当引入当事人主义诉讼因素的改革方向是正确的选择，今后仍然应当坚持。但这个过程并不是直线过程，需要继续进行改革和探索。

我国民事审判模式在近年来发生的一个重大变化，是强调司法的亲民性和能动性。亲民司法是我国长期以来亲民政治的反映，体现亲民司法观念的马锡五审判方式得到重新提倡和推行。马锡五审判方式被认为是我国新民主主义革命时期诉讼制度的典型。审判以深入农村实地调查、依靠群众了解案情和依法合理审判案件为特色。马锡五主持的审判活动注重简便求真求实，1943 年，马锡五出任边区高等法院陇东分庭庭长，审理了不少案件，他的不注重审判形式、将司法仪式压缩到最低限度的审判模式被称为“马锡五审判方式”。近年来，我国一些法院推行马锡五审判方式，得到了广大民众的认可，但在法学界引起不小的争议，批评者认为重新推行马锡五审判方式是我国民事庭审模式改革的倒退。能动司法则是近年来我国法院提出的一个引起社会广泛关注的口号。“司法能动”是美国司法语汇，英文为 judicial activism，我国法院在使用“能动司法”一词的时候，即表示法院积极、主动地行使司法权。人民法院在民事诉讼领域有着亲民的优良传统；在刑事诉讼领域，这种亲民性主要体现在对于被害人和证人的态度上。

我国近十几年的刑事审判模式改革取得了一定效果，但从现有的刑事庭审模式看，也存在一些明显的问题，需要在《刑事诉讼法》再修改中加以调整。为此，笔者提出以下改革建议：

第一，将预审法官与审判法官分立，防止法官产生预断。为减少法官预断，我国《刑事诉讼法》将开庭前审查由过去的实质性审查改为侧重程序性审查。这一程序变化的目的在于减少法官先入为主，却因要求检察机关起诉时移送案卷材料、证据而无法阻绝法官预断——法官在开庭前阅卷，可以根据案卷材料、证据形成预断。由于公诉案件的庭前审查工作由预审法官(或立案法官)负责，而审判法官在开庭审判前不能接触案卷材料、证据，因而他们不可能对案件事实、证据的认定产生预断，从而能够最大限度地维护审判人员的中立地位和刑事审判的公正性。

第二，交叉询问与法官直询制度兼收并蓄、扬长避短。言词证据调查的两种方式各有所长，也各有所短，在《刑事诉讼法》中应当借鉴德国、日本的立法例，确立两种方式并存的证据调查制度，使之具有运用上的灵活性。此外，在《刑事诉讼法》中还应厘清言词证据调查顺序和具体调查方式，使之具有可操作性。

第三，保障被告人的质证权利。质证权是一项司法最低限度保障，该项规定的质证权的内容是："讯问或业已讯问对他不利的证人，并使对他有利的证人在与对他不利的证人相同的条件下出庭和受讯问。"①

第四，完善交叉询问制度。交叉询问固然是在庭审活动中进行的，但其活动规则和技术方法一直延伸到庭前准备活动中。(1)确定本方证人。其方法非常简单，就是控辩双方根据自己举证的需要自行确定本方的证人名单。(2)开庭陈述。控诉方首先进行开庭陈述，辩护方可以在控诉方开庭陈述后立即开始作本方的开庭陈述，也可以在他准备提出证人时再作开庭陈述，目的在于为其当事人扩大同情面。开庭陈述后，依如下顺序进行言词证据的调查活动：控诉方对自己提出的第一位证人进行主询问；辩护方对控诉方提出的第一位证人进行交叉询问；控诉方对自己提出的第一位证人再次进行主询问，目的在于澄清该证人的证言在交叉询问中暴露出来的疑点，并消除交叉询问所造成的不利于本方的效果；控诉方再次主询问后，如果确有必要并经主审法官许可，那么辩护方可以再次交叉询问。控诉方对自己提出的第二位证人进行主询问，并重复进行上述活动，直至控诉方提供的证人

① 陈永生. 论辩护方以强制程序取证的权力. 法商研究，2003，1.

全部询问完毕。辩护方对自己提出的第一位证人进行主询问，使该证人提供有利于本方的陈述；控诉方对辩护方提出的第一位证人进行交叉询问；辩护方对自己提出的第一位证人再次进行主询问；确有必要并经主审法官许可，控诉方可以再次进行交叉询问。辩护方对自己提出的第二位证人进行主询问，并重复上述活动，直至辩护方提供的证人全部询问完毕。

第五，建立相关证据规则。交叉询问是高度技巧性的诉讼活动，受一系列技术性规则的约束，因此需要建立相关证据规则，主要包括：(1)诱导询问规则。(2)传闻证据规则。传闻证据分为两类：一类是在法庭外由证人制作的书面证言和警察机构等制作的证人证言笔录；另一类是证人在庭审中对他人的陈述的转述，这样的陈述和口证笔录只有在该证人已死亡、疯癫，病得不能行动，或受被告人阻碍不能到场时才能成为可以接受的直接证据。(3)意见证据规则。禁止事实证人提供与其感官体验相分离的单纯意见，但证人在事实陈述中提出的依一般经验作出的推测，可以采纳为判决的依据。(4)关联性规则。禁止在庭审中提出不具有关联性的证据，即不具有推断待证事实存在或者不存在的能力的证据，因此如果询问者就无关联性的问题进行提问，诉讼的另一方可以提出异议，法官可以制止。(5)敌意证人规则。

第三节　建立以审判为中心的审判模式

建立中国特色社会主义审判权力运行体系，保证审判活动的各个环节中庭审都要起到决定性的作用，实现诉讼证据质证在法庭、案件事实查明在法庭、诉辩意见发表在法庭、裁判理由形成在法庭。到2016年底，构建一个全新的诉讼制度，一个始终围绕审判为核心的诉讼制度。

十八届四中全会提出的一系列司法诉讼改革举措中，以审判为中心的诉讼制度改革处于关键地位，可以说牵一发而动全身。“以审判为中心”要求侦查、起诉和辩护等各诉讼环节都须围绕审判展开，切实做到无论是事实取证还是定罪量刑或者判决结果所有这些环节都要在法庭完成，同时也要革除与其不相适应的制度设计和工作惯性，均需作出调整和改变。毫无疑问，贯彻以审判为中心的诉讼制度改革，将对防范冤错案件、推进司法公正起到根本保障作用。

一、以审判为中心诉讼制度改革的价值目标

以审判为中心的诉讼制度的目标主要是以下方面。首先是所有的案件需要通过实际的庭审，从而实现现实中的公平正义，这是一个总的价值目标。其次是直接目标，就是庭审在整个诉讼环节中占据核心地位，也可以理解为一种决定权。最后是两个检验，也是以审判为中心的诉讼制度的间接目标，即所有的审判程序都需要经得起法律的检验，也必须符合现代司法理念。我们必须要把公平正义的实现作为诉讼制度的最终检验标准，如果不能实现公正和正义，那么这种制度就不能经得起检验。

二、以审判为中心诉讼制度改革的落实

(1)从刑事诉讼阶段看：落实罪从判定。《决定》要求：推进以审判为中心的诉讼制度改革，同时审判活动的各个环节都必须经得起法律的检验。由此可见，这里的审判中心制的关注点在于刑事诉讼，是指在刑事诉讼各阶段中以审判阶段为中心环节，让法院对侦查、起诉的案件事实、证据进行依法严格地审查判断和检验取舍，以转变侦查、起诉和审判之间配合有余制约不足的现状，改变“公安煮饭、检察端饭、法院吃饭”这种以侦查为中心的做法，扭转冤假错案屡屡发生的窘局。

从另一个角度来说，《决定》提出审判中心制意在落实刑事诉讼法规定的罪从判定的原则。罪从判定原则在 1996 年刑事诉讼法第一次修改时就作出规定，2012 年第二次修改坚持这一原则：“未经人民法院依法判决，对任何人都不得确定有罪。”该原则是无罪推定原则在审判上延伸，其内涵包括只有经法院依法判决才能确定被告人有罪和被告人有罪的证明责任在于控方这两个方面。

(2)从案件审判过程看：强调庭审中心。刑事诉讼以审判阶段

为中心，应该说是《决定》中的审判中心制的核心涵义。以庭审为中心是审判中心的具体落实，只有以庭审为中心才能真正做到以审判为中心。强调庭审的中心或核心地位，就是要将庭审作为审判的关键环节，法庭审理在司法活动的各个环节起到决定性的作用，而且保证庭审在查明事实、认定证据、保护诉权、公正裁判中发挥决定性作用。而要保证这种决定性作用，就要做到诉讼资源向庭审集中，办案时间向庭审倾斜，办案标准向法庭看齐。

(3)从法院内部职能看：侧重审判职能。法院内部的主要职能大体可以分为司法审判职能、司法管理职能两大块。现实中，司法审判权力运行的行政化倾向相当严重。在审判中心制之下，司法审判成为法院的第一要务。而司法管理职能只应是辅助、服务性的，应围绕审判来开展而不应凌驾于司法审判职能之上。

侧重审判职能，就应当在法院内部去行政化。首先，必须将大部分人员充实到审判一线，推行院长、庭长参与审理案件，以壮大司法审判力量；其次，必须削弱院长、庭长审批案件、签发裁判文书的权力；最后，大大减少审委会讨论案件的范围，将其严格限制在重大、复杂案件等法定范围之内，审委会讨论案件只限于合议庭提出的法律适用问题而事实认定问题由合议庭负责。

(4)从多元解纷机制看：坚持诉讼为主。纠纷的解决方式和途径是多元的，包括当事人的协商和解、中立者的调解仲裁以及行政裁决、法院诉讼。非诉讼纠纷解决机制对于及时化解社会矛盾纠纷、减轻当事人诉累以及减缓法院的诉讼压力都发挥着极为重要的作用。因此，《决定》在强调司法公正、公信的同时，要求健全社会矛盾纠纷预防化解机制、加强行业性、专业性人民调解组织建设、完善仲裁制度和健全行政裁决制度。还要求完善不同纠纷解决方式之间的衔接互动，以共同化解矛盾纠纷。

非诉讼解纷机制虽然在化解矛盾纠纷中起了不可忽视的作用，但它们只是诉讼解纷的有益补充。在各种解纷机制中，诉讼仍然应起到主导作用。因为诉讼有着最为严格的程序和法律适用标准。审判权属于国家权力，依此而作出的裁判具有最高效力。

在大陆法系的传统中，庭审中心主义的概念很常见，这也算是大陆法系中关于庭审的一个重要的概念。不过这个概念也在经历着不断的重新定义和解读。20世纪八九十年代，关于审判方式的改革一直在进行，关于司法与行政化之间的习惯性思维一直在被尝试着打破，当时就有学者提出了新的理论，他们表示“证在法庭、辩在法庭、判在法庭”的理论很有价值，应当被重视。随着庭审主义理论的不断发展，理论也得到不断的完善，无论是内涵，还是外延都得到一定的补充，并且也在不同的方面逐渐被验证。一方面，庭审主义给民事诉讼法和刑事诉讼法的修改提供了一些思路，很多庭审方面的规定更加的正规和严肃，从此我国的司法工作质量得到一定的提升；另一方面，庭审中心主义的推行，在一定程度上减少了冤假错案和上诉申请，之前所以会出现种种审判后还存在各种问题的情况，根源就是审判活动的很多环节并没有实现其应有的价值，往往流于形式。在他们的理论体系中，法庭必须是诉讼活动的中心，审判必须具备决定性的作用，法官也需要成为法院的中心。他们的理论得到一些司法理论专家和法律实践家的支持，后来，逐步确立了到目前为止依然行之有效的关于庭审的保障制度，同时在理论发展上也进展不少。其中最为关键的就是法官的自主决断权利，这对法官在诉讼活动中应当是一个什么样的地位的问题进行了深入细致的思考，是需要有自主决断的权利呢，还是必须在行政化的层层审批之后才能作出决断。第二点就是法官的自主决断也并不是凭空而起的，必须要在公正、公平的庭审时才能具有这种决断权。

关于庭审中心主义的理论，庭审中心主义的核心就是案件的审理必须以庭审为中心，所有的司法诉讼程序的环节都要在庭审的情况下进行，不能脱离庭审而进行任何诉讼程序，避免出现有悖于司法公正的任何行为，也使得所有的诉讼程序都直接体现司法的真实价值，而不是仅仅流于形式。司法诉讼的最终目的是维护社会公平正义，如果审判活动不以庭审为中心，那么很多程序就毫无意义，所谓的公平公正也只是成为了一句漂亮的口号，无法在实际的司法活动中得到保护。

在司法诉讼过程中，庭审中心主义还强调，必须在法庭上对原被告双方的意见及时地给与回应，并在必要的时候可以作出裁决，这就保证了当事人双方在一个公平公正的审判环境中陈述自己的案由，对各自的权利据理力争。

综上所述，庭审中心主义是比较符合中国国情的一种庭审制度，这种制度的推行既减少了冤假错案，规范了庭审环节，在我国庭审理论的发展上也具有积极的意义，从一定角度来看，庭审中心主义的发展也将进一步推动我国法院体制改革的进程。

第四节　法院审级制度改革

何为法院审级制度，就是一个司法案件，经过了不同级别的审理，最终裁判发生效力的一种制度。审级制度与法院的设置密切相关。在我国司法体制当中，上一级人民法院具有对下一级人民法院的监督权，法律体系中都在审级制度上有具体的规定，根本的目的在于减少审判失误，纠正审判失误，维护当事人应有的权益，维护社会公平正义。我国目前属于二审终审制，随着法院审级制度改革的不断深入，越来越多的法律专家对二审终审制进行了批评，认为目前的二审终审制很可能在执行上导致一些不应该出现的错误，认为三审终审制更加科学应当被确立。

一、我国审级制度的历史演变及实行两审终审的理由

我国现行的审级制度确立的时间已经很久，还是在解放前革命根据地时期确立，并根据不同的历史时期不断发展而来的，其中新民主主义革命时期，由于革命根据地不够统一，在有的地方实行的是二审终审制，而有的地方实行的三审终审制，《中华苏维埃共和国司法程序》规定，“苏维埃法庭为两级审判，即限于初审、终审两级”，而在晋冀鲁豫边区，则以县司法处为第一审，高等法院分庭为第二审，边区高等法院为第三审。新中国成立后，1951 年 9 月《人民法院暂行组织条例》规定，“人民法院基本上实行三级两审制，以县级人民法院为基本的第一审法院，省级人民法院为基本的第二审法院，一般的以二审为终审，但在特殊情况下，得以三审或一审为终审”。1954 年《人民法院组织法》出台后明确了法院二审终

审制，至此，我国也从法律的角度废除了两审终审的例外情形，二审终审制成为我国司法体系中唯一的审级制度得以确立。虽然人民法院组织法进行了修改并且制定和修改了民事诉讼法，但这一制度一直未被触动。中华人民共和国成立以后的一段时间，国家的一些实际情况决定了不能实行三审终审制，而必须实行两审终审制，这些因素包括地理、交通等方面，如果是三审终审制的话，那么势必在人力、物力和财力上造成巨大的浪费，同时也不利于群众安定，从这个角度说，二审终审制也是在具体时期的历史选择。尽管现在司法界呼吁三审终审制的声音很大，但是我国在很长一段时间实行二审终审制也是有其历史原因的，并且在理论结合司法界也都获得了一定的支持。

二、两审终审制的弊端及改革

随着经济建设的发展，人民生活水平的提高，尤其是人民群众法律意识的增强，两审终审制的弊端日益凸显。具体表现：(1)两审终审制难以保证案件质量。由于我国法院设置四级，且大部分民事案件终审法院仅限于中级，因此，实行两审终审难以保证案件质量。(2)两审终审不利对一审错误裁判的纠正。不同审级法院之间的关系是业务监督和被监督的关系，但事实上，这种关系在审判实践中已出现行政化倾向，上级法院对下级法院通常采用目标管理责任制，将上诉案件的审理结果作为一项重要的评价标准，加上错案责任追究制的实施，一审法院不得不利用与二审法院情感上的亲近，采取一些非常手段，使二审作出有利自己的结果。更为突出的是，不同审级法院之间存在请示制度，下一审级法院对自己认为难以处理的案件，往往向上一审级法院请示，并根据上一级法院的答复定案。上一级法院也往往对下一级法院审理的案件主动加以指导。从法律规定上来看，法院的上下级关系不是行政化的领导和被领导关系，而是监督和被监督的关系，如果上级法院对于下级法院审理的案件没有尽到应有的监督职责，导致案件出现一些不该有的失误，那么上级法院必须对这种失误负有直接责任，因为这种失误将直接导致诉讼伤害，对于上一级法院来说，这就是失职行为。在这种制度下，一审法院根据二审法院的指示答复处理的案件，即使确有错误，二审法院也难以纠正。(3)终审法院级别较低仍然是地方法院行政化和产生地方保护的一个重要原因，而且是很难解决的痼疾。在我国，目前是四级地方法院，而且也都有相应的地方行政单位与之同级，设有一级政府的地方就设有一级法院，同时，法院的人财物，编制和经费还都依赖于同级政府来解决。在这种管理体制下，法院在独立行使审判权方面受到的最大压力往往来自同级或者上级政府，人大甚至地方党委。这一点在基层和中级法院尤为严重。可以说，地方保护主义的产生和存在，与我国法院的设置体制有密切的关系。二审法院还往往利用法律规定，将自己管辖的案件交由下级法院审理，以便自己行使对该案的终审权，从而达到地方保护的目的。(4)两审终审不利于法律的统一适用。统一法律适用是审级制度的功能之一，而在上诉审实行法律审的情况下，高级别法院对法律的解释和适用，可以作为一种示范作用警示下级法院，也能够在更大范围内提高法律的适用性，有利于我国法院体制的改革。(5)将交通不便作为实行两审终审的理由是对当事人权利的漠视。正义不仅要实现，而且要以人们看得见的方式实现。其中就包含程序公正的价值观念，当事人是民事诉讼法律关系主体，充分保障当事人的诉讼权利是现代民主政治的基本要求，为什么要更好的审级制度，如果审级制度科学的话，一方面有助于提高法律效率，减少司法资源的浪费，同时，这也是司法公正的核心价值的体现，反映的是对当时合法权益的保护和对社会公平正义的追求。当事人行使某种诉讼权利虽然要受到交通不便等条件的限制，但立法者据此而不赋予当事人该项权利或对该权利进行限制，显然是对当事人权利的不尊重，不符合当事人的程序主体性原则。(6)两审终审制非但不能减少讼累，反而会增加讼累。在两审终审制度下，当事人只有一次上诉机会，如果二审法院作出与一审裁判内容无异的裁判或虽然有所变更，但仍然未改变其遭受不当裁判结果的处境，那么，继续上诉，寻求公平的裁判就自然成为有关当事人的一种普遍而正常的愿望。由于两审终审制人为地抑制了当事人再次寻求上诉救济的机会，必然造成当事人多次申诉情形的发生。特别是对于一审胜诉而二审败诉的当事人而言，由于其事实上无法通过行使上诉权来维护自己的利益，也不得不加入申诉的行列，从而引起再审案件增加，导致案件的重复审理。既增加了当事人讼累，也加重了法院负担。

两审终审制本身的缺陷及实践中出现的问题，决定了对其改革的必要性和紧迫性。

三、实行三审终审制的可行性和必要性

在世界范围内实行三审终审制的大陆法系国家中，在审判过程中，关于产生的争议如果二审进行复审，基本上事实清楚道义明白。在实行陪审员制度的国家中，其事实审判仅限一审。实行三审终审的国家中情况又有所不同。从根本上来说，无论是实行二审终审还是三审终审，其最根本和核心的目的是一致的，那就是减少司法不公，确立公平正义，也就是获得司法活动的最好的司法效果。但是如果庭审制度不合理或者同一个国家的实际情况不相适应，那么这种制度必将阻碍这个国家法院体制和司法体制的进一步完善。

在法院体制改革中，可以对我国现行的审级制度重新加以评价，确立三审终审制。具体理由如下：

第一，建立三审终审制与联合国刑事司法准则相一致。

第二，三审终审制是加强司法公正的需要。

第三，增设法律审级，无疑是正确适用法律维护刑事司法公正的需要。这是许多国家设置第三审的主要理由。

第四，三审终审制有利于解决地方主义的问题。

第五，实行三审终审制有利于提高我国司法的公信力。

确立三审终审制在效率方面有所丧失，基于利益的考量，某些效率的丧失是必要的。确立三审终审制还涉及最高人民法院的司法负担问题，它也许会造成大量的第三审案件进入最高人民法院，使其不胜负担。当然，目前并没有实证材料支持这种假设。假如确实出现这种情况，我们可以借鉴其他国家的经验解决这一问题，毕竟，建立三审终审制的国家尚未有最高法院被涌入的案件搞垮的先例。另外，结合死刑复核权收归最高人民法院的需要，也可以考虑

在全国划分若干大区，在各个大区设立最高人民法院分院。

作为国家司法制度的重要内容之一，审级制度在法律表述中主要用于审判机关的层级的划分，比如，一个法律诉讼案件如果经过两级法院审理宣告终结，那么这种制度就是二级终审制度。审级制度在民事诉讼中具有重要的作用，在法律相关理论中，审级制度直接关乎诉讼在公正以及效率的价值体现上。正因为审判制度的存在，审级制度才产生了存在的可能，一般来说，一个民事诉讼经过尽可能多级别的审理，就越可能获得最终的事实公正，但是在法律诉讼过程中，人们无法为了一件诉讼的正义而不限制地进行审判，这样的结果违背了诉讼的效率原则，也必将导致诉讼成本的无限增加，兼顾效率和公平，在尽可能短的时间范围内，在有效的审判次数，获得尽可能的事实的公正，这就是审级制度合理性设置的意义所在。

四、实行三审终审制的意义

在我国现有的法院体制当中，为什么要实行三级终审制度呢，这既是一个关于法院体制改革理论的一个问题，也是直接在诉讼过程中体现公平正义的现实问题。当前，我国的司法体制改革中，关于法官独立审判权的问题是一个重要的问题，而法官独立审判权的使用又跟我国现有的审级制度有着必然的关系。对于一般民事案件而言，是保持现有的二审终审制度，还是在这个基础上增加一个审级实行三审终审制，有着重要的现实意义。实行三审终审制度，有助于相对复杂的民事案件能够更加清晰地理清案件相互关系，更好地保障当事人的权益，保证社会公平正义的实现。

第一，三审终审制能够更好地保障当事人合法权益。之前，我国司法体制在设置审级制度时较为充分地考虑了多重情况，包括我国基本国情以及我国法院体制的其他设置等基本情况，在效率与公平的权衡中更多的考虑了效率原则，这也是由当时国家具体情况所决定的，更多地倚重于效率在当时的中国是有原因的。但是随着我国社会的不断发展，我国经济与社会都取得了巨大的进步，在司法领域的改革过程中，关于二级终审制度的规定越发地不能适应不断发展的中国的现实，一方面，我国的司法制度越来越健全，需要在效率和公平的衡量中更多地倾向于社会公平；另一方面，二审终审制在一定意义下属于简化了的审级制度，是建立在对司法活动本身是公正性的一个假设的前提下的。在当前我国，随着我国社会主义法治建设的不断深入，对社会公平正义的追求越来越深入，简单的二级审级制度已经不能够满足对公平正义的追求，因此增加一个审级是我国社会发展的需要所决定的，同时，二审终审制所倚重的假设性前提已经不存在了，社会趋向于复杂化，过于简单的司法程序无法相信司法活动本身的公正性，现在司法活动的当事人需要更加清晰地表达自己的主张，如果司法程序过于简单，则存在审判活动无法达到公平公正的可能性，从而也会导致一些不符合客观事实的判决的产生，从根本上来说不利于公平正义的实现。增加一次审判机会，在一定程度上相当于给了司法活动中当事人双方再一次维护和保障自己合法权益的机会，无论是在法律程序上，还是在诉讼过程中权益的申诉中，都更加地合乎公平原则，也能够保障法律效率的实现。总之来说，三审终审制度更加贴近我国司法体制改革的核心要义，也符合社会对公平正义实现的要求。

第二，相对于二审终审制，三审终审制度有助于司法公正的实现。在当前我国法院体制改革过程中，如何实现审判权的独立行使是一个极具挑战性的课题，这其中的一个主要的阻碍就在于我国法院体制当中的行政化，如何在司法活动中由诉讼本身来主导审判过程是司法体制改革的重要内容，也是司法体制突破行政化的目标所在。在当前的二审终审制当中，领导者在司法活动的决定作用过于突出，这是司法行政化的重要表现之一，如果能够在司法诉讼活动中增加一级审判，则有助于制约司法行政化，从而实现司法审判权的独立行使和司法公正。

第三，三审终审制的确立是司法公正实现的内在要义。在我国当前社会主义市场经济条件下，无论是经济领域还是社会领域都发生着翻天覆地的变化，越来越多的新情况需要新的法律来进行约束，在这种背景下，增加司法审判层级有助于更好地适用相关法律，在不断发展的社会形势下更好得实现公平正义。

第四，确立三审终审制度有助于减少地方保护主义，有助于司法体系中法官队伍科学建设。在二审终审制度下，司法行政化导致了地方保护主义的盛行，严重阻碍我国司法公正的实现，实行三审终审制有助于案件审理过程中减少不必要的地方干扰，更好地实现司法公正。对于法官队伍来说，也有助于他们积极学习业务，不断提高自己的业务水平和职业素养，最终有助于我国司法体制改革的不断推进和深入。

第五，我国的司法体制改革的一个重要目标就是提高司法的公信力和权威性，三审终审制在审判过程中不断强化当事人的权益，有助于民众对司法体制的认可，这必将有助于我国司法公信力的不断提升。

第六，从审判过程来看，三审终审制相比二审终审制进一步将诉讼案件的各种细节展示出来，有助于司法人员尽可能地掌握案件详细情况，有助于法官进一步增加对案件的熟悉度，从而更有助于法官在审判过程中对案件的把握性，从而提高案件审判的科学性。

总体来说，在世界范围内，三审终审制都是主流的司法体制设置，最根本的目的是实现司法公正，这是我国司法体制改革的核心价值体现，所以，实行三审终审制是我国司法体制改革的必然。

五、建立符合我国国情的三审终审制度

我国司法体制改革的最终目标在于社会公平正义的最终实现，而这个过程的实现，需要审判权的独立行使、司法审判的公正执行等。在这个过程中，三审终审制有助于上述环节的实现，是一个符合司法体制改革规律的合理制度，然而在进行这个制度设置的过程中，也需要充分考虑我国的基本国情，将我国的三审终审制度设置得更为合理，从而更加有效地为我国司法体制改革服务。

（一）三审终审制要建立在实践基础上

理论建设离不开实践的建议，在司法建设领域更加注重理论在实际工作中的检验。三审终审制的理论在其他大陆法系国家已经是很成熟的司法理论，但是在我国司法体制改革过程中并不能全部地

照搬，我们需要根据我国国情进行设置，更重要的是需要在我国司法实践工作中对该理论进行必要的检验，通过检验才能不断地查找不足，进而修正不足，最终得到理论的不断发展。实践与理论的发展就是在这样一个反复验证的过程中实现的，也必须经过这样的反复验证，我国的三审终审制才能更加符合我国基本国情，才能更好地推动我国司法体制改革。

(二)确立试点，以点带面

理论趋于成熟以后，需要选择一个或者两个合适的地方对相关理论进行试点实践，对于地点的选择一般来说可以优先选择有开发区法院的地方，在试点实践过程中，一定要严格按照三审终审制确立的基本条件进行，不可以偷工减料，也不可以违背程序，只有严格实践，试点才能起到应有的检验作用，也才能为以后更好地推广打好基础。对于试点过程中的经验和不足都要严格总结并不断纠正不足，慢慢地将试点的经验推广到更大的区域，最终实现我国三审终审制的全面开展，推动我国司法体制改革的进一步深入。

(三)法治轨道内实施

虽然只是我国司法体制改革的一个方面，但三审终身制度却有着关键性的作用，实行三审终身制度，可以将公正与效率有机地结合，更好地推动我国的司法体制改革，三审终审制的实现是我国司法体制改革的重要一环，因此，其推行也必须严格在法治轨道内进行，超越司法体制本身的司法改革是没有意义的，三审终审制度需要在法治轨道内广泛征求司法实践与司法理论界的科学意见，有条不紊地，通过试点研究和逐步推进的原则，不断通过司法体制改革得以完善。

第四章　中国法院组织体制改革路径

第一节　法院法官员额的编制

一、关于法官员额制

为什么推行法官员额制改革，最重要的原因是确保法官在数量与案件数量的匹配，如果法官人数过多而案件很少，那么这将导致人浮于事的情况，如果法官人数少而案件较多，则会出现法官过于忙碌无法保证审判质量的情况。关键的还是一个法院体制中法官人事管理的问题，也是司法资源合理保障的一个情况，如何将这个编制保持在一个平衡点是需要不断经过验证并逐渐完善的。是要确保法官职业保障有效落实，使一线办案法官即使不担任行政领导职务，也可以晋升至较高的法官等级、享受较高的待遇。归根结底，就是要推动建立以法官为中心、以服务审判工作为重心的法院人员配置模式。这里要澄清的一个认识误区是，“以法官为中心”并不意味着搞“添油战术”，一味靠扩充人员编制、增加法官数量来解决人案失衡矛盾，而是要通过优化人员结构、科学分类管理和精确划分职能，使广大法官从烦冗、琐碎的程序性事务或非审判事务中解脱出来，专心致志行使判断权。

第一，测算法官员额比例。按照中央有关部门要求，法官员额应当控制在中央政法专项编制的39%以下。但是，在确定不同法院的法官员额时，不能搞“一刀切”，既要考虑地区差异，也要兼顾法院层级差异。我国80%的案件在基层，因此，基层法院法官比例应适当高于上级法院。同时，对于不同地区的基层法院，也应当综合考虑案件数量、司法环境和人员结构等因素，科学调配法官员额。

值得注意的是，如果拘泥于目前的审判辅助人员配置情况和审判权力运行机制测算法官员额，得出的员额比例一定较高。因此，法官员额比例测算工作应当统筹考虑各项改革的推进情况，既要立足司法实际，又要做好合理假设。在增量上，要考虑立案登记制改革后法院工作量增加情况；在减量上，要综合考虑主审法官、合议庭责任制、审判辅助人员配备和多元化纠纷解决机制改革的推进情况。如果增补审判辅助人员等配套措施无法及时到位，那么改革也不宜操之过急，避免单兵突进、加剧人案矛盾。

第二，科学配置法官员额。实施法官员额制后，计入法官员额的人员原则上应当配置在行使审判权的审判业务部门。担任院、庭长等领导职务的法官，办案要达到一定数量。研究室、审管办等综合审判部门，可以配备一定比例的法官员额和审判辅助人员员额，但数量应当严格控制，员额根据法院职能定位自上而下逐级递减。例如，按照《上海法院工作人员分类管理办法(试行)》，法官岗位范围包括：(1)审判委员会委员岗位；(2)刑事、民事、行政审判庭，审判监督庭、申诉审查庭、诉调对接中心、立案庭、执行局(庭)等主要承担办案任务的审判业务部门行使裁判职责，承担司法责任的岗位。(3)审判管理办公室、研究室等审判业务部门可设1至2个法官岗位。(4)政治部、办公室、行装处(科)、监察室等综合管理部门不设法官岗位。

第三，建立动态调节机制。高级法院应当统筹管理辖区内法官员额，建立法官员额动态调节机制，根据案件增减和法官工作量变化情况，定期调整法官员额。

第四，合理设置改革过渡方案。高级法院应当以实证研究为基础，以编制合理化为前提，科学设置改革过渡方案。过渡方案应当立足实际、盘活存量、做好增量，确保人心不散、队伍不乱、工作不断。在过渡期的设置上，各高级法院可以组织辖区内法院，对三级法院法官的年龄结构、岗位分布、工作意向、候任人数、编制状况进行摸底，综合考虑到龄退休法官数量、转岗分流人员意愿、已完成入职培训审判辅助人员数量和编制调整情况，科学设定 3 至 5 年的改革过渡期。

过渡期间，试点地区实施“双轨制”方案，具体可以考虑以下要点：一是将本院现有审判员、助理审判员放在同一个平台上参加考核，严格标准、宁缺毋滥、逐步增补，择优进入新的法官员额。考核可以区分不同情况，采取业绩审核和业务考试相结合的方式进行。不能简单采取将助理审判员直接转化为法官助理的方式推进改革，也不能纯粹按照年龄、资历划线，变相搞“一刀切”。过渡方案应当预留一定法官员额比例，为暂时未能进入员额的人员和优秀的审判辅助人员留下一定入额空间。二是各级法院可以以本人自愿和组织安排相结合的方式，通过强化审判责任、明确办案任务、严格考核条件、给予政策优惠、提高职级待遇等方式，鼓励不能胜任或不愿从事审判工作的审判人员转岗分流。三是对入额法官强化审判责任制、增配辅助人员、提升岗位待遇、延迟退休年龄。入额前是助理审判员的，入额时应当同步任命为审判员。四是“老人老办法”，暂未入额、但在审判业务部门工作的审判员、助理审判员，法官职务和相应待遇不变，通过进入员额、转岗分流或到龄退休，实现平稳过渡。

早在 1999 年，最高院就在《人民法院五年改革纲要》中规定“有计划有步骤地确定法官编制”。[①] 2001 年，修正后《法官法》第 50 条也规定了编制法官员额的要求。

二、法官员额编制的规划思路

在编制法官员额的过程中，应明确规划思路，规范编制程序，提高编制科学性，方能使法官员额制度在符合司法规律的道路上前行。

---

① 最高人民法院研究室. 人民法院五年改革纲要. 北京：人民法院出版社，2002：68.

（一）规范编制程序和调整程序

各省、直辖市高院应按照最高院的统一部署和整体指标要求，将法官员额指标分解至各基层法院。首先，各基层法院自行进行限额编制，由院长任组长，干部处、研究室、档案科共同组成法官员额编制小组。由研究室联合档案科核算审判工作量，干部处负责核定标准案件工作时间，再由研究室计算确定法官员额。其次，将确定的法官员额报基层院院长签批，并将编制说明和编制过程材料附后上报高院法官员额主管机构进行核准。最后，由高院法官员额主管机构对各基层院上报的法官员额进行横向对比后，对编制过程真实、符合编制要求的予以审批并报高院院长最终批准；对于编制过程不实或不符合编制要求的予以退回，要求重新编制或由高院法官员额主管机构自行组成编制小组进驻该基层院进行编制。

法官员额应保持整体上的稳定性，不能随意进行扩编，但也应兼顾一定的灵活性。案件现有趋势是逐年增多，当案件数量上升到原定法官员额承受的极限时，在维持法官员额稳定性和严肃性的前提下，应尊重司法规律，进行一定的调整。由于在编制法官员额时已经留出了一定的余量，当案件数量超过编制审判工作量的10%时，就有必要根据审判需要增加法官员额。调整法官员额必须有针对性，明确因哪类案件审判工作量的变动而调整。应由本院研究室提出调整建议，由本院院长签批后，交高院法官员额主管机构批准并履行相关程序后，方可调整法官员额。

（二）将编制调研与法官选拔相结合

编制法官员额的过程中，应将标准案件工作时间调研与法官选拔结合起来，提高选拔门槛，提升编制科学性。法官选拔应注重两个方面：一是司法效率，二是案件质量。要把能办案、想办案、办案多的审判人员选入法官员额队伍。而一旦进入法官员额，就必须完成调研中确定的审判工作量，避免恶意竞争、“抢占”员额的情况出现。如在T市X区法院我们得出一个民商事法官员额一年对应的标准案件为350件，折算成实际案件，一年需审结的也在270

件左右，这并不是个轻松的任务。进入法官员额的法官，应签订目标责任状，保证在享受法官员额待遇的同时完成额定审判任务，达成公正高效的司法工作要求。

(三)科学配置法官资源

省级人财物统一管理给实行法官员额制度创造了良好条件，应将法官资源从整个省市的层面上来看待。一些司法效率较高的法院中未能进入法官员额的审判人员，在一些司法效率相对较低的法院中有可能是效率靠前的审判人员。可以考虑允许法官和法院双向选择，从而打破地区壁垒，给审判人员尤其是年轻审判人员提供多种进入法官员额的路径，促进法官人才的合理流动。

编制法官员额实际上是一个相对个性化的工作，只有通用的编制方法，没有通用的法官员额。只有从审判需要的实际出发，科学编制与审判工作量相匹配的法官员额，方能使法官员额制度落地实行。

纵观当前我国各地法院有关法官员额的改革方案，大致可分为两类：一类是确定法官员额占全院人员总数的比例，以上海法院、深圳法院为代表，前者提出法官员额比例为33%，后者提出的比例为中级法院不超过60%，基层法院不超过65%；① 另一类则直接确定法官员额数量，以珠海横琴法院为代表，设定法官员额为8名，每名法官配备3名法官助理和1名书记员②。虽然从实际影响力来看，上海法院、深圳法院作为全国司法改革试点法院，其在法

① 2014年7月，上海法院司法改革大幕正式拉开，提出将法院、检察院工作人员分为法官、检察官，司法辅助人员和行政管理人员三类，分别占队伍总数33%、52%、15%%的员额比例。参见《上海启动司法改革试点　五大试点内容备受瞩目》，新华网 http://news.xinhuanet.com/legal/2014-07/12/c_1111583963.htm，于2014年7月20日访问。有关深圳改革内容参见《深圳拟全面推行法官职业化改革　法官按职级享受薪资待遇》，法制网 http://www.legaldaily.com.cn/index/content/2014-04/29/content_5487872.htm? node=20908，于2014年7月20日访问。

② 胡林．横琴法院：新“样板”与旧部件．南方周末，2014-05-30.

官员额比例的探索无疑具有强烈示范效应，从法律依据上讲，有关法律将确定法官在人员编制内员额比例作为一项基本要求①，然而相较之下，不难发现横琴法院直接确定法官员额数量的方式比上海、深圳法院的比例方式更加明确和具体。推行法官员额制是实现法官职业化的前提条件，也是当前司法改革的重要突破口。而推行法官员额制无法回避的核心问题是如何科学合理地确定法官员额。所谓法官员额，即法官人数编制的限额。长期以来，我国实务界和法学界围绕法官员额的定额定编问题进行了不懈探索，在新一轮司法改革中，上海、深圳等地方法院也提出了各自的法官员额制改革方案。法官员额评估不是简单的数据分析，而是一项牵涉各方因素的系统工程。主审法官、合议庭办案责任制度、法院人员分类管理制度、法官遴选和退出机制等有关改革配套措施是否健全、是否落实到位，将对法官员额评估模型的建构过程和应用价值产生直接而深刻的影响。因此，法官员额的评估绝非一蹴而就，而必须紧跟新一轮司法改革的步伐和方向，以充足的耐心、科学的态度和实干的精神稳妥有序推进。

第二节　合议庭改革

我国法院审判组织包括审判委员会、合议庭和独任审判员。合议庭制度改革，是每一轮司法改革中都会涉及的领域。但是，由于外部环境和配套机制的制约，合议庭制度改革虽然看上去在不断进行和深化，而实际上总是未能完全实现所追求的独立、公平、民主、专业的让审理者裁判、由裁判者负责的目标，审者不判、判者不审等审判行政化，合而不议、陪而不审等合议庭形合实独、权责不明等问题依然普遍。

---

① 我国《法官法》第50条规定："最高人民法院根据审判工作需要，会同有关部门制定各级人民法院的法官在人员编制内员额比例的办法。"

一、合议庭改革的背景

纵观中国法制史，有关合议制的记载历史久远，西周“三公集体断案”，两汉“杂治或廷议”，唐朝“三司推事”，至明清时期，会审制成为体系化审判制度。会审制因皇权专制流于形式，裁判权由最高统治者决定，会审官员习惯遵从指示，缺乏判决的自主权，形式主义传统成为合议制异化的一个重要诱因。现行世界各国法律都规定了合议庭制度，可见，合议庭制度在审判中具有十分重要的地位和作用。但是，中国现行立法对合议庭制度规定过于粗略，也没有在理论上对合议庭制度进行探讨和分析，因而在审判实践中，合议庭制度本身应有的功能没有得以发挥，甚至有些法院，其合议庭审判纯粹流于形式，有名无实，这已是大家共知的事实。

党的十八大以来，习近平总书记多次就法治建设发表重要论述，提出要“努力让人民群众在每一个司法案件中都感受到公平正义”①的司法工作目标。十八届三中全会通过的《中共中央关于全面深化改革若干重大问题的决定》对司法改革做了具体规划，其中提出，要“改革审判委员会制度，完善主审法官、合议庭办案责任制，让审理者裁判、由裁判者负责”②，从最高层面将合议庭改革摆上议事日程。我国法院审判组织包括审判委员会、合议庭和独任审判员。《人民法院组织法》第 10 条明确规定：“人民法院审判案件，实行合议制。”③合议庭是人民法院审判案件的基本审判组织，英文是 collegial panel，或 collegial tribunal，是由三名以上审判员或者审判员和人民陪审员集体审判案件的组织形式。其成员不是固定不变的，而是临时组成的，由院长或者庭长指定审判员一人担任审判长，少数人的意见应当记入评议笔录，由合议庭的组成人员签名。合议制在我国的审判制度中具有非常重要的地位和作用，该制

① http://news.xinhuanet.com/politics/2013-02/24/c_114782198.htm，2015-08-29.

② 人民日报，2013-12-04，17 版.

③ 人民法院组织法. 中国律师司法网，2014-06-29.

度要求合议庭成员具有同等的权利和责任。但是，长期以来，中国合议制流于形式，在审判实践中一直存在著名为合议庭审判、实为单个法官独自办案、三人署名的习惯做法。因此，就大多数案件而言，名义上是合议庭审理案件，实际上每一个具体只有一位承办人，由承办人对案件的事实和法律负重要责任。从庭前准备、证据调查到案件裁决的基本意见都是由承办人一人独立完成，其他合议庭成员并不直接参与审判活动，在最后评议案件时，就承办人的裁决意见进行表态而已。

1999 年《人民法院五年改革纲要》规定："强化合议庭和法官职责，推行审判长和独任审判员选任制度。"2002 年 7 月 30 日最高人民法院通过了《关于人民法院合议庭工作的若干规定》，各级法院也积极推出各种改革措施，建立合议庭负责制。然而在理论转变为实践的过程中，这一制度也遭遇了不少的障碍——在一些合议第三人沉默不语的同时，个别承办法官(或审判长)只手遮天。导致合议庭成员分别处于这种缺位、越位状态的因素有许多，其中一个关键弊病就在于：没有进一步明确合议庭成员之间的权力、义务和责任。2003 年《人民法院第二个五年改革纲要(2004—2008)》第 26 条规定，"建立法官依法独立判案责任制，强化合议庭和独任法官的审判职责。院长、副院长、庭长、副庭长应当参加合议庭审理案件。逐步实现合议庭、独任法官负责制"。2007 年 3 月最高人民法院又颁布了《关于完善院长、副院长、庭长、副庭长参加合议庭审理案件制度的若干意见》(以下简称"《院庭长办案意见》")。2009 年中央部署和《人民法院三五改革纲要》提出"加强合议庭和主审法官职责"。2010 年 2 月 1 日公布实施《关于进一步加强合议庭职责的若干规定》(以下简称《加强合议庭职责规定》)。作为法院审判案件基本组织形式的合议庭，是每一轮司法改革中都会涉及的改革领域。但是，由于外部环境和配套机制的制约，特别是对合议庭本质属性的认识偏差，合议庭制度改革虽然看上去在不断进行和深化，而实际上总是未能完全实现所追求的独立、公平、民主、专业的目标。目前合议庭运行机制存在的主要困难与问题；行政化审批导致审者不判、判者不审。效率较低，满足不了目前案件增加过快的需要，对目前各地法院合议庭运行机制探索进行归纳分析评价，指出成功之处和需要改进之处；最高院确定的审判权运行机制改革试点方案是否适合短期内实现，如何分步骤推进；设置合议庭运行机制，合理确定各合议庭组成人员的工作职责，出现错案时应承担的责任。司法改革是一个系统工程，而合议庭制度改革是其中的一个组成部分。要实现合议庭制度改革的成功，既要做到理念与制度的统一，还要做到各项制度之间的协调，特别是要有相应的保障机制。否则，合议庭制度改革只能收到事倍功半之效，甚至会遭受更大的挫折。合议庭负责制，是指合议庭的全体成员对案件的审理过程和结果负责。① 长期以来，审者不判、判者不审、陪而不审、合而不议等审判权运行问题一直备受诟病。2013 年 10 月，最高人民法院制定了以合议庭改革为重要内容的《关于审判权运行机制改革试点方案》，确定了深圳中院等 7 个中院和 2 个基层法院为试点法院，从 2013 年 12 月开始正式推行审判权运行机制改革，这也标志着中央和最高法院对审判权运行机制的改革全面启动，并将于 2005 年 12 月在全国范围内推广。这次改革直指审者不判、判者不审等审判行政化，合而不议、陪而不审等合议庭形合实独，以及权责不明等问题。改革方案较之以前，吸收了更多先进理论研究成果，许多制度都是首次提出，改革深度和力度都超过了以往，被外界寄予厚望。主要改革内容包括：一是消除行政化。取消裁判文书审批制，变层层审批方式为直接签署或依次签署方式。实行直接言词原则，院长、庭长不得对未参加合议审理的案件的裁判文书进行签发。二是改变审判组织模式。一个审判庭内设有多个合议庭的，将副院长、审判委员会委员、庭长、副庭长直接编入合议庭并担任审判长。探索建立一个合议庭即为一个审判庭的模式。成立委员合议庭，审理重大、疑难、复杂案件。三是实行行政事务集中管理。必要时可以设立院长助理、庭长助理协助院长、庭长处理行政事务。四是坚持“权责利统一”。在保障独任法官、合议庭依法独立行使审判权、提高法官待遇的前提下，明确独任法官、合议庭及其

① 任燕妮. 浅谈合议庭负责制. 时代经贸，2008，1(6)：174.

成员的办案责任。五是改革审委会制度。推选资深法官担任审委会委员。严格限定审判委员会讨论案件范围，且仅限于法律适用问题。建立拟提交审判委员会讨论决定案件的先行审查机制。另外，改革方案还具体规定了院长、庭长的审判管理职责、审委会议事规则、工作运行机制等。

二、我国法院合议庭改革地方探索模式的比较

我国法院合议庭改革模式称谓虽然不同，但就其本质而言，主要改革模式有三种：审判长负责制模式、人员分类管理模式、综合性改革模式。

（一）审判长负责制模式

该模式以深圳福田法院（见本节资料一）、广东佛山中院（见本节资料二）为代表（深圳福田法院于 2012 年 7 月，佛山中院于 2012 年底开始推行）。另外，成都中院、大连中院（“1411”模式①）、南宁市兴宁区法院等也在积极探索。该项改革的核心是弱化行政色彩浓厚的庭室架构，取消庭长的案件审批权和人员管理权，建立以审判长为办案主体和责任主体、团队协助开展工作的新型审判工作机制，致力于解决判者不审、审者不判问题。主要特点：一是下放裁判文书签发权。除法律明确规定需要院领导签发的法律文书外，一律由审判长签发。二是权责向审判长集中。赋予审判长相对完整、独立的审判职权，包括案件分配权、人员调度管理权、业务监督权等多方面的职权。审判长的责任也相应增加，需对所在合议庭审理的全部案件负责。三是虚化传统的业务庭功能。保留庭长、副庭长职位，但取消庭长、副庭长管理层级，审判长直接对分管副院长、院长和审委会负责。四是部分团队实行专业化审判。如除民事审判团队、商事审判团队外，设立速裁快审团队、劳动争议审判团队、

---

① 参见 http://www.chinacourt.org/article/detail/2010/07/id/416888.shtml “1411”模式，即一名副庭长、四名法官、一名法官助理、一名书记员（速录员）组成至少 2 个合议庭、副庭长在合议庭中任审判长的模式。

房地产审判团队。

在各地探索中，还有一种“主审法官负责制”模式。所谓“主审法官负责制”，就是将审判权集中赋予那些政治坚定、业务精通、作风过硬、清正廉洁的精英型法官，同时每一位主审法官配备若干审判人员，形成审判单元。审判单元的成员在主审法官的指导下开展审判工作，协助主审法官审理各类案件，由主审法官对承办案件的质率负全责。这种模式以北京石景山区法院为代表，科尔沁区法院也在实行。该模式虽然称谓与审判长负责制有别，但本质一样，都是组成审判团队，在团队首领主导下协同办案。

（二）人员分类管理模式

该模式以深圳盐田法院为代表，核心是人员分类管理和法官职业化。主要特点：一是实行法官员额制。如盐田区法院根据该院审判工作量、法院现有编制等确定法官 55 名，占全部人员的 36%，非特殊情况不再增加。二是人员分类管理。盐田法院把法院工作人员分为法官、审判辅助人员和司法行政人员，审判辅助人员又分为法官助理、书记员和司法警察。法官晋升走法官等级序列、司法行政人员走行政职级序列，司法警察走警察序列。三是实行法官等级和行政级别对接。将法官等级和行政职级相对应，确定法官的工资福利待遇。如三级高级法官对应调研员，四级高级法官对应调研员或副调研员，一级法院对应副调研员，并规定了法官晋升条件和程序。四是法官待遇大幅提升。按照盐田法院改革设计，改革后处级职级的干警占全院干警比例将由 12.8%上升到 36%，退休时全部能晋升正处。在人员分类管理的基础上，盐田法院设置 15 个专业合议庭，实行主审法官负责制。这一模式的探索还有山东法院合议庭法官随机分案制度（见本节资料三）和深圳罗湖区法院“3122”合议庭改革制度（见本节资料四）。

（三）综合性改革模式

该模式以珠海横琴新区法院（见本节资料五）为代表，其他法院没有实行。横琴法院是 2013 年 12 月新成立的法院，其一改传统法院的设置方式，确立了行政管理机构简化、法官员额制、人员分类管理等全新架构。一是管理机构简化。不设审判庭，取消案件审批制；不设立上下对接的管理部门，部门设置从传统的10多个常设部门减少为“三办一局一队”，即审判管理、人事监察、司法政务三个办公室，一个执行局，一个法警队。传统的庭长审判管理职责主要由法官会议（法官会议是由全体法官组成的法官自我管理、民主决策的组织，负责研究确定法官工作量的分配、各法官承办案件的类型、各专业合议庭的设置等重大审判事务）及审判管理办公室履行，行政管理职责主要由院长、人事监察办公室及司法政务办公室履行。二是实施法官员额制。横琴新区法院只有8名法官。8名法官是按照横琴新区法院未来每年2000～2500件的收案量、每位法官年均办案250件等因素综合考量确定的。非上述因素发生变化，法官不得随意增减，只有法官员额空缺时，才能补入。三是人员分类管理。给每位法官配备3名法官助理和1名书记员，即1+3+1模式，法官致力于审判业务，辅助人员则承担事务性工作。其他人员则按照工作性质分属司法行政人员、法警等类别进行分类管理。

（四）三种改革模式的比较

三种模式最终目的都是要消除审判权运行机制的行政化问题，优化审判资源配置，确保独任法官、合议庭及其成员依法公正、独立行使审判职权，让审理者裁判，由裁判者负责，实现权责利统一。但实现途径各异，利弊也各有不同。

审判长负责制模式是温和式改革，采取的是把裁判文书签发权集中由审判长行使方式，虚化庭长职能，实现审理者裁判、裁判者负责。其优点是不打破现有庭室架构，依靠法院自身推动就能完成，改革阻力较小。缺点是审判长负责制下，裁判文书由审判长签发，责任也主要由审判长承担，审判长实际成为了合议庭的领导，仍然无法摆脱行政化的阴影。同时，院庭长职责虚化，在某种程度上造成资源闲置。

人员分类管理模式是激进式改革。它的总体思路是以人员分类管理为基础推行审判权运行机制改革。其优点是提高了法官政治经济待遇，推进了法官的职业化和精英化。缺点是由于涉及法官等级与行政级别对接、职级调整、工资福利待遇等重大问题，需要最高院和地方政府大力支持，单靠一家法院难以推动，改革阻力相对较大。

综合性改革模式是颠覆式（或彻底式）改革，完全打破了传统的法院设置模式。其优点是减少了审批环节，压缩了运行链条，可以有效去除审判行政化，最符合目前最高院的司法机制改革思路，也得到了最高法院院长周强的肯定与认可。缺点是牵涉面大，当前诸多利益关系难以处理，只适合新成立的法院，目前借鉴难度较大。而且，由于横琴法院刚刚成立，该模式还没有经实践检验，效果如何尚不明确。

三、我国合议庭改革的建议

（一）改革的基本原则

首先要严格依法改革，合议庭改革要在宪法和法律框架内推进，确保改革符合宪法精神和法律基本原则。不能为求创新，突破现行宪法、法律规定。其次要遵循司法规律，以建立公正高效权威的司法制度为导向，紧密结合审判工作本质特点，确保改革始终符合司法审判的基本规律，如独立审判、直接言词审理等。再次要循序渐进推进，要坚持从现实国情和市情出发，结合我院具体办案数量、人员结构、经费保障等实际情况，理性设计改革路径，坚持从审判组织改革入手，根据实践发展逐步深化改革内容，分步骤、有节奏地推向全面改革，确保改革工作稳妥有序开展。

（二）改革的基本内容

1. 改革合议庭制度

在与大陆审判权力运行模式类似的我国台湾法院，为了保障审判权的完整性，早于1996年就已经废止了执行40多年的案件送阅制，合议审判的案件以及实任法官、试属法官独任审判制作的裁判书原本，无须送庭长、院长审阅。① 按照最高院改革思路，改革的最终目的是要实行一个合议庭就是一个审判庭，“还权于合议庭”，② 减少庭长管理层级，审判长直接对主管院领导负责，建立扁平化管理新格局。这种模式有利于消除审判的行政化倾向，但改革幅度较大，涉及面较广，引起的震荡和冲击较强。明确庭长进入合议庭作为审判长审理案件，不再行使对其他合议庭案件的审批权，但对于庭长的审判管理职责没有明确规定。这种管理模式类似于扁平化管理模式，同时也具备扁平化模式固有的难点和弊端，③ 为稳妥起见，可暂不取消庭室架构，而是采取对审判庭内合议庭进行改造的方式推进合议庭改革。④

(1)组建由副庭长担任审判长的新型合议庭。

按照最高院改革精神和方案，一个审判庭内设有多个合议庭的，应将副院长、审判委员会委员、庭长、副庭长直接编入合议庭

---

① 龙飞．台湾地区法院审判权运行模式．法制资讯，2013，9：63.

② 顾培东．人民法院内部审判运行机制的构建．法学研究，2011，4：6.

③ 纯粹扁平化管理模式实施的是“面对面”的管理，大量的数据和管理信息的交流只能在决策者和所面对的管理部门之间进行，而部门与部门之间信息资源的交流及相互调用亦只能通过决策者来进行。此时决策者在扁平化管理平台上只起到一个“数据库”(存储和交换信息资源)的作用，无法集中有限的精力去研究对策和发展战略等问题。因此，面对组织内部各类管理信息流的迅速汇集，决策者如何把握时效，有序整合相关的数据，合理配置组织资源，提高决策效率，是实施扁平化管理的难点所在。敬海新．基层政府社会管理扁平化机制建设对策．理论探讨，2013，5：5.

④ 目前，有个别基层法院进行了直接撤销审判庭，庭长全部进入合议庭担任审判长审理案件的改革探索，观念新步子大，但此种做法如果要在全国法院普遍适用，则尚有几个问题需要解决：一是目前该模式仅在基层法院试行，试行法院审判人员数量较少，案件相对较多，是否适用于中高两级法院仍需要探讨；二是试点时间尚短，有些案件的审理效果需要较长时间才能真正显现，故尚需时间的检验；三是此种类似扁平化的管理模式有它的难点和弊端，弥补其弊端的配套措施是否能够及时跟上，在实践中是否能有序运行和真正适用，还需要深入探索和实践；四是虽然庭长以审判长身份进入合议庭，但伴随着案件和审判人员而生的审判管理和政务管理的需求并未随着审判庭的撤销而一并消失，这些职能由谁行使，如何分工，需要重新思考和研究。

并担任审判长。其目的是让院庭长把主要精力放在最能展现其司法能力的案件审判上，保证本合议庭办理的所有案件都能达到甚至超过他作为“管理者”所审核的案件的水平。院庭长承担的行政管理工作可以通过配备助手、简化程序、集中办理等方式予以合并、精减。这种做法符合诉讼中的直接言词原则，有利于案件的正确审判。但考虑到长期以来的官本位观念影响，不能对最高法院的设计照单全收，建议第一步先将副庭长全部编入合议庭，组建由副庭长担任审判长的新型合议庭，组成模式为 1 名审判长+2 名法官+至少 1 名法官助理+至少 1 名书记员。辅助人员的数量根据合议庭工作量具体确定。合议庭较多，副庭长较少的审判庭，可以推选资深优秀法官担任审判长。庭长可以采取自愿原则，鼓励其编入合议庭担任审判长。院领导班子成员暂不编入合议庭。

(2)建立共同参与机制。

“名义上是合议庭审理案件，实际上是‘承办人’独任审理，一个案件从受理，到庭前准备活动的安排，证据调查和案件最初处理意见的提出，基本上由该承办法官独自完成”。[①] 要解决合议庭陪而不审、合而不议问题，就要建立共同参与机制，让合议庭成员真正共同审理案件、共同承担责任。一是建立共同阅卷制度。合议庭全体成员分别审阅证据材料及诉讼材料，了解案件的争议焦点和需要解决的问题，以便充分掌握决策信息。二是建立共同拟定庭审提纲制度。在开庭审理前，阅卷后，要共同拟定庭审提纲。是一次形成还是多次形成，是先由各成员独立形成再综合为一还是集中合议研究形成，要视案件的难易程度而定。三是完善共同参与庭审制度。针对“一人审、两人陪”的突出问题，建立庭中合议制度，即庭审中涉及程序和实体方面的重要事项，由合议庭合议决定。合议庭成员虽平等参与案件审理，但从担负的庭审工作任务来看，审判长应为主要角色，主审法官应为重要角色，合议第三人应为查缺补漏的校正角色。四是完善共同合议制度。为解决“合而不议”问题，

① 左卫民，汤火箭，吴卫军. 合议制度研究. 北京：法律出版社，2001：81.

合议庭成员不能仅发表结论性意见，要展示心证过程，充分陈述理由。实行分段、按序评议规则，对评议过程作出阶段性划分，明确各阶段评议内容。五是实行裁判文书共同签署制度。改变以往仅由审判长签批的方式，由案件承办法官、合议庭其他法官、审判长依次签署。对文书内容持不同意见的，可以签署不同意。共同签署后，同意意见占多数的，直接印发。不同意见占多数的，重新组织合议或提交审判长联席会、审委会研究。院长、庭长不得对未参加合议审理的案件的裁判文书进行签发。

(3)成立委员合议庭。

由审委会委员组成委员合议庭审理案件，是最高院在《关于审判权运行机制改革试点方案》中明确提出的，是实现审委会活动由会议制转向审理制的有益尝试。课题组建议，委员合议庭不采取固定方式，可以由3~7名委员临时组成，负责审理重大、复杂、疑难案件。审委会委员组成合议庭审理案件，按照合议庭审理案件的程序办理。为避免委员合议庭流于形式，可规定审委会委员每年审理案件的数量。

(4)合理划分合议庭各成员职责。

审判长职责：带头办理疑难复杂案件，分配、调配合议庭内部案件，安排合议庭内部人员分工，调度管理审判团队人员，主持庭审活动和案件评议，签发除法律规定应由院长签发以外的裁判文书；将案件审理过程中发现的重要法律适用问题或者其他重大疑难复杂问题提请副院长、庭长召集审判长联席会议或者提交审判委员会讨论，负责业务监督(具体职责按照《最高人民法院关于合议庭工作的若干规定》法释〔2002〕25号第六条要求)。对团队所办案件负第一责任。承办法官职责：完成庭前准备及庭后相关工作，协助审判长组织法庭审理活动，制作裁判文书，应当事人要求进行判后答疑等(具体职责按照《最高人民法院关于进一步加强合议庭职责的若干规定》法释〔2010〕1号第三条要求)。对所承办案件负直接责任。合议庭其他法官职责：配合审判长及承办法官完成庭审，对参与审理的案件进行合议、会签裁判文书。对案件负重要责任。法官助理、书记员(含速录员)职责：主持调解，起草裁判文书，协助送达和诉讼保全，完成案件记录，校对裁判文书，装订卷宗、归档，裁判文书上网，将相关材料及时录入流程管理系统等。法官助理和书记员的具体分工由审判长确定。

(5)严格合议庭及其成员办案责任。

责任是一种法律上的强制，民法上的责任是指“不履行法律规定的或约定的义务，而依法承担的不利的后果”①。完善合议庭办案责任制是我国新一轮司法改革的重要内容和关键环节。② 有权必有责，在赋予合议庭及其成员权利的同时，必须严格其办案责任，并抓好监督落实。要切实利用好纪检组监察处这一法院内部诊所的作用，及时治病救人，避免小错酿大错，大错酿大祸。培根在《论司法》中说：“一次不公的裁判比多次不平的举动为祸尤烈。因为这些不平的举动不过弄脏了水流，而不公的裁判则把水源败坏了。”③办案责任可主要规定为：a. 法官违反职业道德基本准则的，视情节后果予以诫勉谈话、通报批评；情节严重构成违纪违法的，依照相关纪律和法律规定予以严肃处理。b. 法官因违法审判应当承担纪律责任的，按照最高人民法院的有关规定予以追究。c. 法官有贪污受贿，徇私舞弊，枉法裁判行为，构成犯罪的，依法追究刑事责任。d. 合议庭及其成员要确保办案质量。对出现违法违纪的审判长，除取消审判长资格外，视情节依法依规处理或调整工作岗位。e. 法官在案件审理的各个阶段依法履行职责的行为，不受追究。

2. 推行专业化审判

长期以来，法院最受诟病的就是同案不同判，产生的主要原因除了个别人徇私枉法外，同类型案件不同合议庭或不同审判庭审理，相互之间各自为政、缺少沟通是主要原因。同时，全能式法官

① 中国社会科学院法学研究所. 法律辞典. 北京：法律出版社，2004：831.

② 最高人民法院于2014年7月9日发布《人民法院第四个五年改革纲要(2014—2018)》(本书简称为《四五改革纲要》)。

③ [英]培根. 培根论说文集. 水天同，译. 北京：商务印书馆，2008：86.

无法做到样样都专，案件质效就存在低下的隐患。集中法院某类案件由一个合议庭审理，法官能够做到专而精，可以统一裁判和指导尺度，提高法律文书质量、缩短审理期限。而且，实行专业化审判后，必将打破法院在民庭和刑庭实行的划片管辖，这又同时可以解决目前各业务庭之间存在的分案不均衡问题。(如2013年，郑州市中级人民法院民四庭人均结案117.41件，远超民一庭、民二庭、民三庭的75.38件，69.48件和72.71件)①。

(1)按照专业类型，将案件划分为若干审判专业，每个合议庭审理其中一类或几类专业的所有一审、二审案件。具体审判专业的划分和专业合议庭受理案件的类型，可由民庭、刑庭和行政庭根据各审判专业案件的多少提出初步方案，由审管办审核确定。

(2)没有划入专业类型的案件，按照各合议庭案件数量总体平衡的原则分配至各合议庭审理。

(3)取消划片管辖，调整案件分配方式，按照审判专业将案件直接分入各专业合议庭，不再按照基层法院管辖范围分案。

(4)为避免长期审理某类型案件，导致其他专业生疏，可以对合议庭成员有计划地个别轮换，如三年轮岗一次，但要保证审判长或审判员精通该专业。

3. 实行整体考核

(1)建立针对合议庭整体的考核激励机制。

孟德斯鸠说过："一切拥有权力的人都容易滥用权力。"②一是实行双考核制度。即一方面，以业务庭为单位进行综合考核；另一方面，以专业合议庭为单位，进行单独考核。二是建立针对合议庭整体的考核制度。合议庭作为一个独立的办案责任主体和管理单元，对外应以一个独立的整体承担权利义务，以培养法官的集体荣誉感，增强团队的凝聚力和向心力。要建立维护合议庭整体性的考核评价体系，将对承办法官的考核改为对合议庭整体的考核，进而

① 数据来源：郑州市中级人民法院审管办。

② [法]孟德斯鸠. 论法的精神. 严复，译. 上海：上海三联书店，2009：297.

细化为对合议庭全体成员的考核。对优秀合议庭的奖励也应针对整个合议庭，而不是法官个人。

(2)建立案件质量连带责任机制。

总的原则为“谁职责、谁负责”，即属于谁的职责范围，出了问题就有谁负责；“谁导致、谁负责”，即问题因谁而起即由谁负责。个人职责方面的事项，属于个人责任，由其本人承担。共同职责方面的事项由合议庭成员之间连带承担，而非平均分摊，防止相互推诿。

(三)合议庭改革的远期目标

“司法权公正高效运作依赖于符合其国情的法院管理结构”①，推进更深层次的改革，最终完全消除审判行政化，达到下列远期目标：取消现有庭室架构，实行一个合议庭就是一个审判庭；副院长、庭长、副庭长全部编入合议庭，直接审理案件，其职责主要通过担任审判长体现，不再主要从事行政管理工作；取消院庭长裁判文书审批权，裁判文书直接由合议庭成员依次签署后印发；行政事务实行集中化管理，综合部门数量大幅减少；取消行政级别，实现人员分类管理，法官按法官等级晋升级别，待遇大幅提高。

资料一②：

广东省深圳市福田法院地处深圳中心城区于2012年7月开展审判长制度改革。改革的基本思路是：通过借鉴、参考现代企业“项目团队”的管理模式和港澳、新加坡等地“突出法官主体地位，给法官配备工作团队开展工作”的工作机制，在不突破现有法律规定的前提下，对原有以庭科室为单元的工作机制进行改造，组建若干审判团队；通过公开选任推出一批优秀法官代表作为审判长，将办理案件的权力和责任均交由审判长，并给审判长配备工作团队，形成以审判长为办案主体和责任主体、团队协助开展工作的新型审

① 左卫民. 中国法院院长角色的实证研究. 中国法院，2014，1：21.

② 参见 http://www.legaldaily.com.cn/zbzk/content/2013-09/29/content_4895525.htm? node=25496.作者单位：广东省高级人民法院　梁展欣。

判工作机制。公开选任审判长，根据目前福田法院工作量，经初步测算，初次选任35名审判长。设立由区有关部门和人大代表、政协委员、律师代表、专家学者组成的选任委员会，在全市范围内公开竞争选任，在综合考察道德品行、工作业绩、业务能力以及社会阅历等基础上产生了35名审判长(其中院内32名、院外3名)。组建新型审判团队，改变过去办案力量配置在业务庭，条块分割难以及时应对案件变化的资源配置方式，按照“1+2+3+4”的模式，对现有人力资源优化重组，组建以审判长(1人)为核心，包括普通法官(2人)、法官助理(3人)、其他司法辅助人员(4人)。改革审判权运行机制，明确审判长是职业化意义上的法官，原先由庭长、副庭长行使的案件审批权、人员管理权下放给审判长，由普通法官行使的文书签发权上提给审判长，赋予审判长相对完整、独立的审判职权，包括案件分配权、人员调度管理权、裁判文书签发权、业务监督权等多方面的职权。审判团队是办案责任主体和管理单元，取消庭长、副庭长管理层级，由审判长直接接受分管副院长、院长和审委会的指导和监督，建立扁平化的管理新格局。建立科学管理监督配套机制，在保留庭长职位的同时，剥离其过去的案件审批权和行政管理职权，但保留其业务沟通协调职权，让庭长、副庭长集中精力行使审判长的职权，把主要精力放在办理案件、抓业务建设上，把业务庭虚化。设立党政事务协理员暨廉政专员，协助分管副院长统筹管理相关审判团队的党务、廉政监督、队伍建设、行政管理等事务，在中间架构上建立审判管理和行政管理剥离的新格局。此外，还对内设机构职能做相应调整，着力完善案件分配、流程跟踪监控、案件质量评查、审判绩效考核等审判管理制度体系。通过审判长负责制改革，把裁判权相对集中在作为优秀法官代表的审判长手中，在不打破合议制原则基础上，实现了审与判合一、责权利合一，形成了更加符合司法规律的审判职权结构和权力运行机制。通过对现有资源的优化重组，明确审判长职责，审判职权层级分明，办案责任真正落到了实处；行政管理与审判管理的分离，管理链条的缩减，审判绩效量化考核等配套机制的建立，使审判权运行更加规范有序，提升了审判管理精细化水平，为办案质量效率提高提供了制度基础。下一步，将以审判长负责制为基础，争取在推进法院人员分类管理和综合保障机制上有新的突破。通过合理界定不同类别、岗位人员的职责，建立科学的人员分类序列，确定各类人员配置比例，建立以审判为中心、法官为主体的司法资源和职权配置机制；完善法官、审判辅助人员、司法行政人员分类管理体制，构建更加科学合理、公正高效的审判权运行机制；探索法院司法政务保障事务分离、实行集约化管理等新方式，淡化法院内部运转的行政管理色彩。

资料二①：

广东省佛山中院于2012年底开展审判长负责制改革，建立了“1名审判长+3至4名合议法官+若干名法官助理及书记员”的审判组织模式，在保留庭长设置的同时，赋予审判长在该固定审判组织中的核心地位，对由该组织经办的案件全面负责。审判长员额确定为25名(目前试运行阶段确定为35名)。审判长员额原则上固定不变，只有在审判长员额出现空缺时才进行增补。根据不同审判部门的审判工作实际，如案件类型、数量、难易程度等因素，配备相应数量的审判长。每位审判长带领3~4名合议法官(目前试运行阶段每位审判长带领2名合议法官)，若干名法官助理和书记员，组成相对固定的合议庭审理案件。在现有的35名审判长中，庭长8人(正科职)，副庭长18人(副科职)，审判员9人(副科级)；审委会委员9人。严格审判长选任程序，设立由省法院、市人大、政协、纪委、政法委、组织部指派的人员，佛山中院党组成员，市人大代表，市政协委员，律师代表等组成专门的审判长选任委员会，从担任市中院助理审判员、审判员4年以上，或者担任基层法院审判员4年以上的法官中选任。选任程序分为笔试面试、庭审考核、组织考察等三个部分。设立由法院党组成员、审委会委员组成的审判长考评委员会，考核内容包括审判质效、纪律作风、审判组织评

① 参见 http://www.legaldaily.com.cn/zbzk/content/2013-09/29/content_4895543.htm? node=25496.作者单位：广东省高级人民法院　梁展欣。

价和组织考核等四个部分。完善审判长和庭长的权责分工，构建以庭长为核心的事务管理模式以及以审判长为核心的审判组织模式。简言之，庭长负责管“事务”，审判长负责管“案件”。

(1)庭长负责组织和管理本部门的行政事务，以及部分审判管理工作，后者主要包括：组织审判长联席会议，总结审判经验，统一裁判尺度，审核签发法律规定属于庭长职责范围内的法律文书等。除法律有特殊规定外，庭长(也包括院长、副院长)不再审核、签发非其所在庭经办案件的裁判文书。

(2)审判长服从与配合庭长对部门的行政与审判管理事务的管理工作，对自己所领导的合议庭审理的案件全面负责，领导合议法官审理案件，主要权限包括：案件分配权、审判事务决定权、案件审理和评议权、提请审委会讨论权、裁判文书签发权等。审判长对合议庭审理的案件的裁判结果承担责任。同时，审判长对所在审判单元的全部案件做到三个必须：必须亲自阅卷，必须亲自开庭或组织法庭调查、提审，必须亲自审核签发法律文书。

(3)合议法官在审判长的指导下开展审判工作，服从与配合审判长对审判事务的管理与决定；根据审判长的安排，对案件开展审判工作，主要包括：调查取证、庭审准备、开庭、调解、撰写裁判文书等；对案件独立发表评议意见，并对该意见负责。

庭长、审判长、合议法官权责关系表

项目		事务		案件		
		行政管理	审判管理	裁判标准	具体个案	
					裁判评议	其他审判工作
部门内部	庭长	主导	主导	主导	监督	—
	审判长	服从	配合	配合	负责	负责
合议庭内部	审判长	—	主导	—	独立合议	主导
	合议法官	—	配合	—	独立合议	服从

通过审判长制度改革，由审判长对本合议庭经办案件全面负

责，消除了院、庭长在案件审理中的行政审批色彩，实现了审判工作的专业化。同时，按照行政管理权与司法审判权相分离的原则，科学定位庭长与审判长之间的权责关系。下一步，应当进一步合理区分审判权与行政管理权，将案件分配、组织评议、签发裁判文书等审判管理权还权于合议庭，由审判长或合议法官负责行使，日常管理等行政事务逐步剥离出审判庭，交由专门院长助理或综合后勤部门行使，逐步实现去行政化目标。

资料三①：

为保证公正审判、防止出现"关系案"、"人情案"的情况，山东省高级人民法院决定对负责商事案件审理的民二庭进行合议庭模式改革，合议庭的组成人员不再固定，而是随机抽取，在此基础上进一步发挥合议庭的审判功能。山东省高级人民法院民二庭现有的合议庭审理案件多是采取固定化、行政化的管理模式，一方面，这种模式容易带来案件还未到法院，当事人就开始四处寻找关系，找上法官的门，造成"人情案"、"关系案"的现象；另一方面，也容易造成有的合议庭成员只是坐在审判台上摆摆样子，并未真正参与审理，这都不利于公正审判。根据山东省高级人民法院日前下发的《2008年全省商事审判工作要点》，将对民二庭审判长、审判员和书记员进行分类管理，人员不再固定，案件分配采取电脑随机确定审判长、合议庭成员和书记员的方法。这样就能根据审判规律合理配置审判资源，排除其他因素对审判工作的干扰，进一步发挥合议庭的审判功能，确保案件的公正审理。此外，为了提高审判质量和效率，审判人员的庭审驾驭水平、案件评议质量、审结案件数量、结案方式、审限内结案情况、法律文书审核制作、案件被二审、再审改判情况等因素都将综合起来，确定科学的考核标准，奖优罚劣。对于考核不合格审判人员，及时调整工作分工，或建议人事部门作出相应处理。

① 参见 http://news.qq.com/a/20080313/002417.htm.

资料四①：

"3122"既是合议庭组合模式的简称，也是审判工作运行的崭新机制。该机制下各业务庭以3名法官、2名法官助理、2名书记员组成固定的合议庭，并在合议庭内另设1个速裁独任庭。具体操作是，立案庭直接分案至合议庭法官助理，法官助理在速裁法官的指导下完成文书送达、证据交换等庭前准备工作，并在庭前准备过程中挑出简单案件、可调解与撤诉案件，交与速裁法官及时办结。其余案件在庭前准备就绪后，法官助理根据合议庭法官存案情况按立案序号的顺序排至法官名下，于开庭前3日交与法官准备庭审。案件流程由此被科学地划分为：立案——庭前准备——庭审裁判——庭后整理四个阶段。"3122"是罗湖区人民法院对构建法官助理制度、进行审判运行机制改革的又一创造性的尝试。

资料五②：

自2013年年底挂牌成立起，横琴新区法院就因取消了传统的审判业务庭，废除院长、庭长对案件的审批权而引起各界的广泛关注。不仅如此，这家新成立的法院还取消立案庭，推出"法官员额制"、"法官会议制度"等令人耳目一新的制度设计，被认为与中共十八届三中全会提出的一系列深化司法改革构想高度吻合。最高人民法院院长周强在横琴新区调研时称，横琴新区法院的综合改革构想具有重要探索意义，这一改革探索遵循司法运行客观规律，不仅对珠海、广东，而且对全国法院改革都具有示范意义。2012年年底，最高人民法院下达了关于同意设立横琴新区法院的批复。此后，广东省高院领导多次亲自带队到横琴，要求把横琴新区法院建设成"新型法院"。新型法院"新"在哪里？为此，珠海中院专门组建了一个筹建调研组，调研组7名成员来自法院不同岗位，其中4人拥有博士学位。当前法院管理模式的弊端之一就是以行政化管理

---

① 参见 http://www.sina.com.cn. 深圳商报. 2003-05-20. 09：14.

② 参见 http://finance. ifeng. com/a/20140411/12100705_0. shtml. 武欣中. 中国青年报(第1版). 2014-04-09.

为主，部分案件裁判的作出要经过庭长、院长的层层审批，导致经常出现“审者不判、判者不审”的权责分离现象，违背了审判规律。以“去行政化”为导向，一改传统法院的设置模式，不设立审判庭，部门设置从传统的10多个常设部门减少为“三办一局一队”，即审判管理、人事监察、司法政务三个办公室，一个执行局，一个法警队。诉讼服务中心将提供全面的便民诉讼服务，起诉人在此一站式办理查询、咨询、立案、交费、复印、打印单据和递交相关材料等事项。诉讼服务中心收案后，会将案件直接派给承办法官，减少了审批、分案等环节，提高了效率，促进了对当事人“诉权”的保障。按照目前法院的常规制度，法官办案任务、类型等审判事务的分配权力在院、庭领导手里。而在横琴新区法院，一个全新的“法官会议”将担负起这一职责，与审判相关的业务、事务工作交由法官会议决定，院长、副院长将无权进行分配。在横琴法院的管理体制内，法官会议是由全体法官组成的法官自我管理、民主决策的组织，负责研究确定法官工作量的分配、法官承办案件的类型、各专业合议庭的设置等重大审判事务。传统的庭长审判管理职责则由法官会议及审判管理办公室履行，行政管理职责主要由院长、人事监察办公室及司法政务办公室履行。横琴新区法院法官实行“员额制”，共设计有8个法官编制，这是按照横琴新区法院未来每年2000~2500件的收案量、每位法官年均办案250件以及保障审判质量、法官能力等因素综合考量确定的。法官人数不得随意增减，只有法官员额空缺时，才能补入。案件由专职法官或合议庭进行审理，适用简易程序的，裁决文书将由其签发；适用普通程序的，裁判文书由合议庭成员共同审核，由审判长签发。院长、副院长则无权对法官审判的案件进行审批。不管是院长还是副院长，如果不是案件合议庭成员，那么对案件的判决结果就不能签字。这一改革的目的就是将法官的审判权还给了办案法官，大大降低了法官对行政权力的依附关系，体现了“让审理者裁判，由裁判者负责”的司法改革精神。在横琴新区法院，院长、副院长都要根据法官会议的安排审理案件，不过由于兼任行政职务，分配的案件数量会相应减少。此外，由于案多人少矛盾突出，法官还要承担大量程序性、机械性的审判辅助工作。横琴新区法院采取分类管理模式，依据“法官少而精、辅助人员专而足”的人员配备理念，为 1 名办案法官配备 3 名法官助理和 1 名书记员，将法官从繁重的审判辅助业务中解脱出来，心无旁骛、专心致志。按照横琴法院的设计蓝图，横琴法院还将设立审判委员会和法官考评委员会，审判委员会主要负责总结审判经验以及讨论重大或疑难案件，法官考评委员会主要负责指导对法官的培训、考核、评议工作。

第三节　审委会改革——以 Z 市中院为样本

一、审判委员会制度简介及改革

人民法院组织法第十条规定了审判委员会制度。审判委员会制度的实施有助于对以往审判经验的总结，对于审判工作中出现的各种问题又具有一定的指导作用，特别是碰到疑难问题，通过协调审判委员会的相关机制，最终有助于审判工作的顺利开展，因此，审判委员会制度已经在法院体制改革中体现了其合理性。

我国是社会主义法治国家，中国特殊的国情决定我们不应直接采用西方法院体制，必须要经过一定的扬弃的过程，通过吸收才能利用。我国在 1949 年后逐渐成立了审判委员会，而且随着国家和政治形势的发展，我国司法体制当中审判委员会也经历了不断的发展，当然在过程当中也出现了一些问题，这些问题暴露了制度上的一些局限性，这也需要在不断的实践和理论完善中不断改进。

（一）审判委员会制度自身存在的问题

对于审判委员会制度中存在的问题，经过总结发现后主要体现在以下方面。

首先，就是审与判分离严重，在审判委员会工作中，存在着要么就是一味的审，但缺少必要的裁判，要么是只利用经验直接判决，缺少对直接资料的审查和调查，总之这宗审判分离的情况难以保障整个司法过程的客观正确。

其次，审判委员会的工作形式不利于案件的审判，在我国现有的审判委员会制度中，主要采用会议形式来裁决案件，如果碰上任务重、人员少的时候这种形式很难有效地保障案件及时有效、客观正确的审理。而且会议式的审判不利于审判各方人员更好地以自己的特殊身份发表建议，削弱了审判的参与感。而且有些意见也无法及时有效地传达给各方，委员很难做到信息收纳广泛，难以对自己的判断提供更多有效的资讯支持。

最后，体现在程序的合理性上需要进一步优化，多元化的构成，多种专业法官并列，对于一个具体的案件来说，一些法官并不能提供专业性的意见或者建议，因此如果合理改革审判委员会的表决程序，优化人员配置，将更有助于专业法官的意见价值体现，也是法官术业有专攻的一种专业价值体现。如何在不同专业的法官面对一个具体案件时更好地体现专业意见是一个需要注意的问题。

(二)完善审判委员会制度的建议

关于审判委员会制度的问题在我国司法界已经讨论了很久，目前也已经形成了一些比较中肯的建议，这些建议最终形成了相对独立的两种方案：一种主要是废除不符合的言辞，另一种主要是从国情出发论证审判委员会存在的合理性。纵观这两种建议：一种是较为温和的改良，另一种会涉及较为激进的存废的问题。笔者在充分考虑了多方建议以及认真研究了相关资料之后，认为十八大三中全会通过的《中共中央关于全面深化改革若干重大问题的决定》(以下简称《决定》)为当前改革和完善审判委员会制度提供了总思路。

(1)职能调整上，现有审判委员会在审判经验和宏观指导方面的职能需要加强，审判委员会不是一个单纯的审判职能，之所以称之为委员会，就是其还有更多的指导职能和总结功能，如何在审判案件的同时加大总结经验、吸收更多一线审判经验，为审判业务部门提供更多的专业意见，这是审判委员会一项重要的工作职能，需要进一步加强。只有加强这些职能，并且不断地形成有理论化的条文，才能更好地指导我国的司法工作。

(2)严格限定审判委员会讨论案件的范围。就目前关于审判委员会的规定来说，审判委员会将讨论疑难、复杂和重大案件，但这些词汇表达都是一个笼统模糊的概念，如果滥用审判委员会的职能，那么审判委员会将难以发挥其核心优势，也无法做到在审判案件过程中真正做到“让审理者裁判、由裁判者负责”。因此，一定要严格限定审判委员会讨论案件的范围。

首先，审判委员会不应该再去讨论一些案件事实证据存在的疑难和复杂问题，在自由心证原则之下，法官可以对一些问题进行规律性和逻辑性的判断，这些不用再交由审判委员会去讨论，这样可以有效提高审判委员会对核心案件的关注和研判效果。

其次，审判委员应当更多地参与刑事案件中疑难、复杂和重大情况。根据实际情况，这些案件一般属于事实清楚证据充分，但是由于适用法律方面还存在一些争议，这些正是审判委员会需要重点关注和解决的问题，解决了这些问题，能够形成一类的适用经验，以后出现类似情况可以直接进行推广。这样才能发挥审判委员会集思广益的优势，也能发挥审判委员会的专业优势。包括在一些刑事案件中量刑问题的研判，死刑案件属于关系人的生命的重要案件，适用死刑与否直接关于一个生命是否继续存在的问题，因此这样决定性的问题是审判委员会需要加以重视的问题。

(3)审判委员会的表决机制和决策方式需要进一步优化，首要原则是审与判的结合，只有这样才能保障裁判权的合理性。对于一些疑难、重大案件，在提请了审判委员会聆听审理后，一般情况下委员应当具备有提出询问的权利，在案件决策讨论时，委员们需要根据案情，每人都要发表自己的观点，并配以做出判断的理由。在案件结果表决阶段，委员们应当抛弃繁杂的难以快速判定的方式，而应当采取表决简单多数的机制。以死刑案件为例，如果接近半数的委员对死刑的量刑抱有疑问，那么表明该量刑还不统一，在这个时候如果采取简单多数的话，对案件的裁决将会有更直接的帮助，如采取三分之二多数原则就是一个典型的情况。

(4)还有就是要完善审判委员会的人员构成，参与审判委员会的人员应当是技术过硬，专业水平较高，职业道德素养很强的人员，只有这样才能在委员会讨论的时候提供更加专业有效的建议，因此优化审判委员会人员构成，并按照不同专业人员业务素质和业务方向进行搭配，而不是简单以行政职务来配置委员会。参与审判委员会代表的是一种专业资质，而不是行政待遇，可以考虑将专业的考试和选拔机制引入委员为人员选拔当中。

(5)审判委员会中的回避原则，如检察长不宜列席审判委员会。作为法律规定的监督机关，检查长不适宜列席审判委员会，我国目前关于审判委员会中检察长列席的规定："检察长或者受检察长委托的副检察长列席审判委员会讨论案件的会议，可以在人民法院承办人汇报完毕后、审判委员会委员表决前发表意见。"但是在实际操作当中，检察长在委员会上发表意见，已经突破了监督角色，而是作为控方角色在行使职权，这种角色的变化其实是不利于审判的公正性的。

在人民法院内部设置审判委员会制度是一项具有中国特色的司法审判制度。审判委员会前身是新民主主义时期设立的裁判委员会，中华人民共和国成立以后，几经演变，于1979年作为一项成熟的制度正式确立。根据《人民法院组织法》、三大诉讼法以及最高院的有关意见，审判委员会是人民法院的最高审判组织。

几十年来，我国司法体制中审判委员会在一系列的工作中发挥了重要积极的作用，如避免冤假错案的发生，提高审判监督质量等。不过，由于我国司法体制的内外部环境现在发生了巨大的变化，现行审判委员会制度已难以适应新形势的要求，暴露出一系列问题，如审委会判而不审、上会案件太过随意、审委会委员结构不合理及审委会总结审判经验、指导审判工作职能发挥不充分等问题，因此，有必要对审判委员会制度进行改革和完善。

最高院在三个五年改革纲要和其制定的实施意见中，先后提出了审委会只讨论少数重大、疑难、复杂案件的法律适用问题，在审委会内部设立专业委员会，从资深法官中配备审委会专职委员，审委会委员直接审理重大、疑难、复杂案件，健全审判委员会的办事机构，落实人民检察院检察长列席同级人民法院审判委员会等具体措施。2010年，最高院(法发[2010]3号)和(法发[2010]4号)两个文件，对审判委员会的职责、运行机制、检察长列席审委会会议制度等进行了更详细的规定，充分说明了最高院对审判委员会制度改革的重视程度。

二、Z市法院审判委员会工作基本情况

围绕最高院改革精神，Z市中院对审委会制度进行了一系列的规范和完善。2003年制定了《Z市中级人民法院审判委员会工作规则》，对审委会的职责范围、审委会日常办事机构、审委会讨论案件和议事程序等进行了详细规定。2007年实行分会制，在审委会内部设立刑事委员会和民事行政委员会。2009年印发了《关于进一步规范审判委员会工作程序的通知》，对上报审委会程序进行了进一步明确。目前，中院审委会工作主要依据这些文件开展进行。

(一)审判委员会组成

中院审判委员会目前有委员28人，由院领导14名、原院领导7名和中层正职7名组成。其中，硕士研究生7名，大学本科18名，大学专科3名。中院审委会于2007年5月实行分会制，设刑事委员会和民事行政委员会。刑事委员会讨论刑事案件，由刑庭庭长和主管副院长等13人组成。民事行政委员会讨论立案、民事、执行、行政案件，由执行局局长及上述业务庭庭长、主管副院长等15人组成(见表6-1)。

表6-1 **Z市中院专业委员会分组名单**

刑事委员(13人)	李××等13人
民事行政委员(15人)	谢××等15人

中院审委会办公室设在研究室，目前只有一名工作人员，同时担任研究室内勤。审委会办公室主要负责上会案件登记，会议通

知，会议记录及记录整理归档等事务性工作。

基层法院审委会委员一般在 23 名左右，其中 E 区法院较多 27 名，X 区法院和 S 区法院较少都是 15 名。13 个基层法院中，E 区、G 区和 D 市法院分设有专业委员会，其他法院没设。

(二) 审判委员会讨论案件情况

目前，审委会的主要任务是讨论案件。据统计，2006 年至 2009 年，中院平均每年讨论案件 353.5 件，其中 2006 年由于思想作风整顿和集中清理积案的缘故，讨论案件最多，达 443 件，而四年共讨论其他事项仅 11 件，悬殊较大。其中，2006 年讨论事项为执行局综合处制定的《委托中介工作规程》，2007 年讨论事项为司法技术处制定的《Z 市中院评估拍卖机构管理办法》，2009 年讨论事项中，1 件为《关于第三人对未办理产权登记的房屋采取查封财产保全措施提出异议的审查的法律适用的请示》，8 件为评查办的评查案件(见表 6-2)。

在审委会讨论的案件中，以刑事案件为主，占到了讨论案件总数的一半以上，其次是民事案件。具体到庭室，刑一、刑二和审监庭案件数量相对较多(有关数据见表 6-3、表 6-4)。

表 6-2　**Z 市中院近四年召开审委会次数及讨论案件和事项情况**

	召开次数	全年结案数	讨论案件数占全年结案数比例	讨论案件和事项总数	其中							
					刑事	民事	行政	执行	立案	审监	总结审判经验	事项
2006	86	8802	5.03%	444	229	103	14	31	17	49	0	1
2007	54	10941	2.75%	302	209	38	14	8	7	25	0	1
2008	61	10616	3.51%	373	250	59	8	3	13	40	0	0
2009	47	10686	2.86%	306	185	43	11	0	7	51	0	9

表6-3　　　**Z市中院近四年讨论内容所占比例**

	刑事	民事	行政	执行	立案	审监	事项
2006	51.58%	23.2%	3.15%	6.98%	3.83%	11.04%	0.23%
2007	69.21%	12.58%	4.64%	2.65%	2.32%	8.28%	0.33%
2008	67.02%	15.82%	2.14%	0.80%	3.49%	10.72%	0%
2009	60.46%	14.05%	3.59%	0%	2.29%	16.67%	2.94%

表6-4　　　**Z市中院各庭室报审委会研究案件事项对比表**

年份	立一	立二	刑一	刑二	民一	民二	民三	民四	行政庭	审监庭	执行局	评查办	研究室
2008	0	13	148	102	14	12	12	21	8	40	3	0	0
2009	0	7	93	92	11	10	10	12	11	51	0	8	1

基层法院每年召开审委会平均在40次左右，各个院的情况略有不同。为对基层法院召开审委会情况有一总体把握，我们挑选了案件最多的J法院、案件最少的S区法院和案件数量居中的Z区法院作为代表，进行分析对比(见表6-5、表6-6和表6-7)。

表6-5　**J区法院近两年召开审委会次数及讨论案件事项情况**

	召开次数	全年结案数	讨论案件数占全年结案数比例	讨论案件和事项总数	其中					
					刑事	民事	行政	执行	立案	其他
2008	48	9618	6.04%	590	442	130	1	6	2	9
2009	41	11083	5.14%	577	433	127	1	8	1	7

表 6-6　**Z 区法院近两年召开审委会次数及讨论案件事项情况**

	召开次数	全年结案数	讨论案件数占全年结案数比例	讨论案件和事项总数	其中					
					刑事	民事	行政	执行	立案	事项
2008	25	4697	1.62%	79	49	24	1	1	1	3
2009	18	4658	1.78%	94	59	22	0	2	0	11

表 6-7　**S 区法院近两年召开审委会次数及讨论案件事项情况**

	召开次数	全年结案数	讨论案件数占全年结案数比例	讨论案件和事项总数	其中					
					刑事	民事	行政	执行	立案	事项
2008	24	956	10.46%	100	94	4	2	0	0	0
2009	15	1051	7.80%	82	76	3	3	0	0	0

(三)目前审判委员会工作程序

根据 Z 市中院有关规定，对于需要报请审委会研究的案件和事项，须按照下列程序进行(基层法院与此基本相同)：

(1)院长或主管副院长提交。合议庭对案件处理意见分歧较大，可报请主管副院长提交审委会讨论。主管副院长同意的，在审批表上签字。然后由承办部门将审批表连同审理报告(电子文本)在星期三下午前(审委会固定每星期四召开)统一报送审委会办公室。后根据常务副院长要求，2009 年 11 月 16 日以后拟提交民事行政审判专业委员会讨论的案件，案件承办人应在星期一下午 4 点以前向审委会办公室报送。然后，由审委会办公室将拟讨论案件的审理报告在星期二上午通过内网电子邮箱发送给各位委员，以便各位委员提前熟悉案情。

(2)审委会办公室登记。审委会秘书对报送研究案件名单进行登记并根据报送时间排出顺序、制成表格，将审理报告逐一拷入专用硬盘，并在开会时在专用电脑(只有秘书能打开)打开。文本打开时，其他委员的电脑同时能读。

(3)承办人汇报。开会时，审委会秘书将讨论案件的名单发给各位委员，按照名单顺序召请承办人汇报(其他人员在等候室等待)。为避免承办人汇报失真，必要时可请合议庭其他成员进行补充。承办人汇报案情时，委员可以随时发问。

(4)依序讨论。讨论案件按照顺序进行。案件所在部门的审委会委员、主管副院长、其他委员发表意见；最后，由主持人发表意见并对讨论结果进行总结，按照少数服从多数的原则形成决定。各委员发表意见，要求详细阐明理由，不得仅作同意与否的表态。

(5)各委员签字。案件经讨论形成决定后，书记员应及时请各委员在审委会笔录上签字。为避免记录失真，审委会研究案件实行双记录制，即由书记员和审委会秘书同时记录，书记员记录的经过审委会委员签字的笔录存入卷宗，审委会秘书记录的笔录另行归档，不得随意查阅。

三、审委会存在问题及原因

长期以来，Z市两级法院审委会在审理疑难、复杂、重大案件，提高审判质量，指导司法实践，促进司法公正等方面发挥了重大作用，但也存在一些问题。

(一)审委会总结审判经验，监督和指导审判工作等职能发挥不足

根据有关规定，审委会的任务是总结审判经验、监督和指导审判工作，讨论疑难、复杂、重大案件，讨论其他有关审判工作的重大问题。这四项任务中，讨论疑难、复杂、重大案件位于第三位。但目前，Z市法院审委会讨论案件数占讨论事项总数的99%还要多，其他职能基本没有发挥出来。造成这一现象的主要原因有：(1)许多法官包括一些院领导把审委会作为干警抵抗外界干扰的一个手段，认为审委会应该多讨论案件，发挥其保护干警的作用。(2)对上会案件把关不严。有时，一些合议庭分歧不大的案件出于各种因素也会被提交审委会讨论。(3)承办人、合议庭等对审委会

依赖性太强。在当前的大环境下，承办人办案面临的各方面压力较大，有来自当事人的信访压力，政法委、人大、纪委、上级法院的督办压力，也有领导的批示压力，有时一个案件多头批示、多次批示，不同部门、领导督办、批示的内容还不一致。因此，承办人对于把握不准的案件，为谨慎起见，倾向于提交审委会讨论。(4)案件基数大。Z市作为省会城市，每年审执结的案件在10万件左右。其中，Z市中院每年审执结的案件数在1.6万件左右。(5)对提交审委会讨论的案件范围规定较宽。

(二)审委会有时存在案件讨论不充分现象

造成这一现象的主要原因有：(1)由于上会案件多，讨论个案用的时间较短。如2009年共召开会议47次，讨论案件和事项306件，平均1次会议要讨论6.5个案件。按1次会议为3个小时计算，平均一个案件包括承办人汇报和委员讨论在内只有不到半个小时的时间。(2)一些委员只作同意与否的表态，不具体阐述理由，使得讨论难以深入。(3)由于委员提前不熟悉案件，在较短的时间内，面对一个案件巨大的信息量，往往难以消化理解。(4)受委员专业所限，委员对自己不熟悉的专业难以提出深层次的问题进行讨论。另外，质量和效率有时是一对矛盾体，由于案件太多，讨论充分时必然影响到讨论的效率。如调研时发现，未分专业委员会的基层法院，一般先讨论刑事案件，再讨论民事案件，但有时会因刑事案件太多，民事案件要等一个多月，才能轮到上审委会讨论，甚至因此导致个别案件超了审限。

(三)审委会召开次数较多，加重了委员负担

据统计，基层法院2008年召开审委会会议大多在40次左右，最少的S区法院24次，G区法院最多，达到了57次。2009年，召开会议次数有所下降，最少的S区法院为15次，但多数法院仍在40次左右。Z市中院比基层法院还要多，2008年召开61次，2009年召开47次。各院除了每星期固定开会以外，有时还要临时加会。在调研中发现，由于审委会委员都有行政职务，平常事务也较多，

对如此频繁的审委会会议感觉有压力。有的基层法院审委会委员提出，加上省院、Z 市中院和本院的各种行政会议，他们平均一星期要开三天会。

(四)审委会讨论案件程序存在问题，不利于委员对案件的全面了解

主要表现在：(1)案件审理报告不提前分发给委员，使得委员无法提前熟悉案件。在会议当天，面对巨大的信息量，委员往往一时难以消化理解，如果再不是自己熟悉领域的案件，要在很短的时间内作出正确的判断，确实强差人意。(2)审委会了解案件的途径单一。审委会了解案件完全通过案件承办人，始终看不到案件卷宗，对于对案件定性起关键作用的证据材料等难以建立起直观形象的感性认识。有委员提出，有时依据承办人的汇报，感觉应该采纳某个证据，但见到证据材料后，才发现不是自己想的那样。(3)承办人在汇报案件时，往往对案情会有所取舍，审委会有时难窥案件全貌。如果承办人汇报内容再不详细，或遗漏了某个重要细节，甚至故意隐瞒、歪曲事实，极有可能引导审委会作出一个错误的决定。虽然，我们规定，如有必要，也可通知合议庭其他成员参加，但在实践中，合议庭其他成员很少参加。

(五)审委会集体负责的原则易导致承办人和审委会委员对上审委会的案件缺乏责任心

有人说，审委会集体负责等于没有人负责。只要审委会定下来的案件，承办人和审委会委员都不用对此承担责任。在这种心态下，承办人在审理案件时，对一些案件事实就会扣得不是太细，对一些有疑问的地方就会不再深究；而审委员委员由于不用为自己的言行承担责任，发言有时显得随意，这在一定程度上降低了审委会讨论案件的质量。

(六)审委会会议内容有泄密现象

有时，审委会刚结束，当事人对哪个委员发表的观点就了解的一清二楚。在调研中大家一致认为，通过电脑等硬件泄密的可能性几乎没有，主要还是通过人的途径泄密。主要有以下原因：(1)个别案件承办人和审委会委员原则性不强，不能严格遵守保密规定；(2)有些法院保密意识不强，漏洞较多。如等候汇报的案件承办人都在审委会会议室现场等待，倒水的服务人员随意在会场走动；(3)对泄密行为没有制裁措施。审委会工作规则虽然规定，违反规定泄密的，依法追究相关人员的责任，但如何追究、追究什么责任没有规定。在现实中，法院从没有追查过泄密的事，也没有人因泄密被追究责任。

(七)其他一些问题

主要有：(1)检察长列席审委会制度落实不到位。据统计，最近四年中，市检察院除2007年列席过1次外，2006年、2008年、2009年都没有列席过。(2)审委会没有健全的日常办事机构。Z市中院和个别基层法院虽然设立了审判委员会办公室(大多基层法院没有设立)，但工作人员都只有一人，除了负责审委会记录外，还要负责其他工作，很难在总结审判经验，监督指导审判工作方面发挥作用。(3)审委会成员结构不合理。一些委员常年脱离审判实践，审判经验不足。审委会这样的结构与它要承担的使命不太相符。(4)委员出席率不平衡。由于没有严格的考勤制度，一些委员出席率较低，个别退居二线的老领导参加审委会的积极性不高。

此外，审委会工作在行为养成和后勤保障方面也存在问题。首先，良好行为没有养成。如Z市中院虽然固定每星期四开审委会，但每次开会前，审委会办公室要依次通知各位委员，再通知办公室开审委会会议室门(审委会办公室不掌握审委会会议室钥匙)，通知行政处有关人员倒水等。基层法院在这方面做得好一些。其次，部分基层法院硬件设施保障不到位。如J区法院的案件汇报人等候室没有配备沙发，委员的电脑没有配备主机，无法自行操作观看审理报告，只能由审委会秘书统一翻页。最后，设备维护不及时。如Z市中院审委会会议室除召开审委会使用外，还用作其他会议，由于音响设备等没有及时维护，有时开审委会时才发现设备出现了问题，给工作带来不便。

四、审委会改革建议

根据最高院的文件精神，审委会改革的方向应是，不断提高审委会的专业化程度，逐步减轻审委会讨论案件的压力，完善指导审判工作的工作机制。我们认为，审委会的改革应该在这个大前提下结合本院存在的实际问题进行。具体建议如下：

（一）转变思想观念，明确错案责任

在当前的大环境下，法官都把审委会当做自己的避风港，只要案件在审理过程中，稍微遇到一点困难，就要求上审委会，借此开脱自己的责任。一些院领导出于保护干警的愿望，也支持审委会多讨论案件，替干警担责。因此，要想减轻审委会讨论案件的压力，就需要转变这种观念。自己的案件还需要自己去办扎实，办成铁案，审委会的作用不是扮演替别人担责的安全港，即使审委会讨论过的案件出现错案，也会视情况追究承办人的责任。同时，建议进一步明确和细化错案责任划分，以是否违反审判程序、是否隐瞒遗漏重要证据或事实及是否违反法律规定、歪曲事实等为标准分别确定承办人、委员责任。

（二）切实转变审委会职能

一是只讨论法律适用，不讨论法律事实认定问题。因为委员不直接参与案件的审理，没有经过庭审阶段，对案件事实缺乏感性认识。二是在减轻审委会讨论案件压力的基础上，通过建立案例发布制度，对同一类案件讨论研究，作为典型案例发布，供以后审判参考。三是通过案件评查、裁判文书评查、审限检查、审判运行态势分析等手段，加强审判管理。

（三）设立上审委会案件的审查程序

由审委会办公室从业务庭抽调业务骨干，组成刑事、民商、行政案件上会案件咨询小组，对于需要提交审委会讨论的案件和事项

分别讨论，按照上会的范围进行初步审查和把关，不符合上会条件的，不予提交；符合上会条件的，由主管院长审批。通过增加上会程序，有效减少上审委会讨论案件数。

(四)进一步强化审委会专业化建设

一是完善专业委员会制度。根据最高院精神，对专业委员会人数进行调整，确保超过全体审委会委员的一半，部分审判委员会委员可同时为两个专业委员会的成员。建议审委会委员较多(如在22人以上)的基层法院在审委会内部也设立专业委员会，以提高审委会讨论案件的质量和效率。二是配备审委会专职委员。挑选若干名审判经验丰富、专业知识扎实、没有行政职务的资深法官作为审委会专职委员。三是建立院长、庭长办案制度。为提高委员讨论案件的能力，避免长期脱离审判实践，担任业务庭庭长的审判委员会委员每年主审案件应不少于3件，其他委员也应尽量参加审理案件。

(五)规范讨论案件的范围

由Z市中院对本院和基层法院提交审委会讨论的案件范围进行规范和统一。

(六)完善审委会讨论案件的程序

(1)完善启动程序。拟提交审委会讨论案件需由庭长呈报院长或主管副院长审批，承办人应提前7天向审委会办公室报送审批表、案件审理报告电子文档和案件主要证据、询问笔录等案卷材料扫描文档(扫描案卷材料需购买相应仪器)。提交审委会的审理报告要客观，写清楚需要审委会讨论解决的事项。审委会办公室收到上会材料3日内应组织咨询小组进行审查，符合上会条件的，交由主管院长审批。不符合条件的，退回合议庭。主管副院长同意提请审委会研究的，审委会秘书将审理报告和相关案卷材料提前2天通过法院内网发给各位委员，委员应抽出时间提前熟悉案情。在会议当天，审委会秘书应把审理报告和相关案卷材料拷贝在会议室专用电脑。

(2)完善列席程序。对本院审结的案件提起再审的，原合议庭成员及审判业务部门负责人也应列席，否则原则上不予讨论。

(3)完善评议表决程序。审委会委员讨论案件时，一般应按照职务高的后发言的顺序进行。对于一些特别重大的案件，要允许委员多次发言，甚至改变最初的意见，主持人应承担起引导讨论、权衡利弊的职责，确保按多数人意见形成的决定能取得良好的法律效果和社会效果。

(4)建立审判委员会委员直接审理制度。对一些社会关注度高、需要提交审委会讨论的疑难、复杂、重大案件，业务庭提出申请以后，审委会可组织委员直接审理。

(5)进一步落实检察长列席审委会制度。制定具体落实办法。

(七)进一步强化审委会硬件建设

一是安装同步刻录设备，对审委会讨论表决加强监督。在每个委员的电脑上装入监控软件，每人的发言同步记录并录像，刻盘由审委会办公室专门存档备查。二是在审委会会议室摆放法律工具书，在审委会内部电脑安装法律法规查询系统。委员在讨论案件过程中，遇到疑问，可随时翻阅或查询。

第四节　最高人民法院巡回法庭制度改革探索

跟常设法庭不同，我国巡回法庭是隶属于最高人民法院的常设审判机构，巡回法庭在机构设置，审判方式等方面与常设法庭也有着不同的情况，因为是最高人民法院的常设机构，因此巡回法庭所作出的判断和判决应当被看做是最高人民法院的判断和判决，具有最高的司法效力。在实际操作中，为了保障巡回法庭有一个统一使用的法律规范，我国法院体制中在内部建立一个统一使用的机制，以保障巡回法庭的在行使审判权更加科学有效，并且更有法律效应。

一、深圳等地试点设立最高人民法院巡回法庭

在我国法院体制改革中，关于最高人民法院巡回法庭的设置是始于 2014 年 10 月 23 日提出的最高人民法院巡回法庭议案，经过一段时间的准备和讨论，十二月份选派成立巡回法庭的领导班子，2014 年 12 月 15 日，中央对最高人民法院巡回法庭党组的申请给与批准，又经过一系列的筹备工作，最终在 2015 年 1 月 28 日，我国最高人民法院巡回法庭在深圳市成立，这对我国法院体制改革来说也是一个具有里程碑意义的时间，属于我国法院体制不断完善的重要一步。

二、最高人民法院巡回法庭的特点

关于最高人民法院巡回法庭的特点，我们可以从几个方面来进行讨论和反省，第一是巡回法庭的机构设置新颖，巡回法庭设党组。党组成员由庭长、副庭长和廉政监察员组成，党组书记由庭长担任。从结构上来看，巡回法庭的管理模式比较扁平化，日常工作统一由综合办公室负责，减少了不必要的部门转接，提高了司法活动的效率；第二是巡回法庭的运行机制新颖，在巡回法庭的运行机制下，合议庭由主审法官构成，减少了不必要人员的参与，减少了运营成本和人力、物力投入，有助于提高司法效率，同时主审法官制的存在提高了巡回法庭的法官的专业素质和职业素养。第三是人员管理机制新颖，不同于以往行政化比较严重的人员管理机制，巡回法庭在人员配置和管理上更加注重专业性和对口性，并且减少了很多必要性不是很强的人员配置，一般在巡回法庭中每名主审法官配一名助理和一名书记员共同组成审判团队，共同负责整个审判活动。巡回法庭的第四个特点是监督机制新颖，巡回法庭实行办案质量终身负责制和错案责任倒查问责制，这样的设置有助于让主审法官认真对待每一次案件审理工作，因为每个案件最终都会有该主审法官负责，同时巡回法庭实行两年轮岗制度，以避免法官同地方行政利益关系。

最高人民法院巡回法庭对于我国法院体制改革可谓是非常重要

的一个举措，也是一个颇受关注的举措，这样的举措从根本上体现了国家队司法的尊重，体现了国家开始更加尊重法律规律，开始按照独立审判的角度考虑国家法院体制改革问题，是用比较专业人士的知识来进行改革。

巡回法庭的成立时对法院地方保护以及地方行政化的一个非常有益的解决之道，有助于改变地方行政辖区重叠导致的司法受损。因为巡回法庭是最高人民法院的派出机构，因此在审判效力上也等同于最高人民法院，这样就在实际的审判过程中提高了执法效力，面对地方保护主义和地方行政实力的干预，巡回法庭可以更加有力地给予回应。从结构上来看，巡回法庭的管理模式比较扁平化，日常工作统一由综合办公室负责，减少了不必要的部门转接，提高了司法活动的效率；在巡回法庭的运行机制下，减少了不必要人员的参与，减少了运营成本和人力、物力投入，有助于提高司法效率，巡回法庭实行办案质量终身负责制和错案责任倒查问责制，更有利于司法公正。

当然，巡回法庭的建立也不是万能，这只是我国法院体制改革过程中的一个小的但是很有智慧的举措，巡回法庭在功能上配置上还有一定的局限性，不过这样是我国法院体制改革需要关注和解决的方向。要彻底解决这些问题，将我国的法院体制改革进一步深入化，就必须将我国的司法体制改革进行新一轮推进，唯物辩证法中说事物是不断发展变化的，我国的司法体制改革也应当保持不断的更新，因为我国经济政治环境一直在发生着变化，只有相应的司法体制也随之而变，才能更好地保障我国人民群众的合法权益，才能为我国经济政治的进一步发展提供更加良好的内外部环境。作为最高人民法院的代表和执行者，巡回法庭必须积极地探索和建立一整套科学合理同时又性质有效的运行机制，巡回法庭的革新必将带动我国司法体制改革的整体变革，可谓是牵一发而动全身，变革的目标就是要让巡回法庭带动国家整个法院体制改革，在地方法院行使独立审判权时减少受地方行政化的干预，减少诉讼成本，提高诉讼效率，积极回应人民尊重的合理司法诉求，不断地将我国的法院体制改革推向深入。

三、最高人民法院巡回法庭设置的意义

最高人民法院巡回法庭的设置对当前我国司法改革有着重要的意义，无论是在理论层面还是在实践层面。这种开创新的安排，体现了国家对司法体制改革的极度重视，反映的是国家在司法体制改革中的决心。在实际效力上，对于因为跨地域而导致的地方行政干预行为给予了打击，有助于地方法院独立审判权的行使，也可以作为地方司法公正的一种进步。还有就是巡回法庭独特的人员管理和配置有助于整个法庭保持一定的活跃度，综合办公室负责行政事务，主审法官和助力以及书记员能够专注于案件审理，提高了法院的司法效率，减少了不必要的资源浪费。对于人民群众来说，可以更好地保障群众的合法权益，减少由于司法效率不高导致的司法成本过高，从而更好地体现公平正义，更重要的是为我国司法体制改革提供了一个非常好的开端，这也将为我国深入地进行法院体制改革提供入口。

在跨区域的地方设置能够对代表最高人民法院的巡回法庭，相当于把最高人民法院的经验和机构配置直接部署到第一线，这样的设置有助于司法问题的就地解决，有助于民众司法问题的及时解决，体现的既是司法效率问题，也是以人文本、公平正义的实现，同时还是司法便民利民原则的一种体现。

第五节　跨行政区法院改革研究

为了实现中国法院体制改革司法正义、保障人权、司法效率的价值目标，十八大以来，我国的法院体制改革先后推出了许多创新举措，上海等地设跨行政区法院和深圳等地设最高人民法院巡回法庭是众多举措中广受瞩目的两个，因此本节论述跨行政区法院改革，第三节论述最高人民法院巡回法庭改革。

一、上海等地试点跨行政区划设立人民法院

2014年12月，中国第一家第三级跨行政区人民法院成立，这

是一个重要的试点，12 月 30 日，也有一家第四级中级法院挂牌成立，这是保障人民法院独立行使审判权的重要举措，这也是党的十八大三中和四中全会的重要精神所在。2014 年 10 月提出跨行政区划人民法院，再到 12 月不断将议案审议，两家跨行政区法院的成立，这样高效率的成果体现的是国家队司法体制改革的重要决心。在相当一段时间内，我国的人民法院系统都是以行政区设置为基础的，这样的结果就导致在地方法院体制中跟行政体系重合严重，很多情况下在审判过程中更容易受到地方行政手段的干预，在不同的地方进行审判活动时，很多情况下就造成了各地只顾本地利益的判决，严重导致了地方主义干扰审判活动的出现，这也是所谓审判活动主客场情况的一种体现。这种情况的出线严重影响了当时的合法权益，而且对整个案件的发展造成严重误读。这些问题真实再现了司法管辖区与行政区划完全重合的弊端。尽管现在只有上海和北京产生了这样的跨区域法院，但是这是一个积极的信号，这种情况充分利用了跨区域时个地方保护主义无法有效发挥作用的机会，将大部分行政案件更为合理、不受其他阻碍地进行审理，对于整个法院体制改革来说，这仅仅是迈出了最开始的第一步，独立司法的未来还有很多路要走，在这个试点中，改革了的不仅仅是表面的机构和人员的设置，人员管理和法官管理，更重要的是这背后释放的独立审判和独立司法的核心要义，上海试点是一个可借鉴的案例，也是未来我国法院体制改革不断推向全国的火种。

二、跨行政区划设立人民法院的法治意义

探索设立跨行政区划的法院。以科学、精简、高效和有利于实现司法公正为原则，探索设立跨行政区划法院，构建普通类型案件在行政区划法院受理、特殊类型案件在跨行政区划法院受理的诉讼格局。将铁路运输法院改造为跨行政区划法院，主要审理跨行政区划案件、重大行政案件、环境资源保护、企业破产、食品药品安全等易受地方因素影响的案件、跨行政区划人民检察院提起公诉的案件和原铁路运输法院受理的刑事、民事案件。

设立跨区划的人民法院，是依法治国中一个闪光点，这是一个

开始，它的进步意义远比想象的要大得多，我国法院体制改革正需要在这样的不断自我完善和变革中成熟和壮大，这样的试点经验有利于净化司法环境，确保司法机关依法独立公正行使职权。

第一，跨地域人民法院的挂牌成立，对于我国法院体制的整体环境优化具有极大的推动作用，从长远来说是对独立司法的一种认可和支持。在我国法院体制中，很久以来一直处于典型的行政干预情况，法院的设立是以行政区域划分，每一级地方行政区域都相对应地成立一级地方法院，这直接产生了一种错觉，那就是地方法院与地方行政机构之间有着某种牵连，感觉地方法院更像是地方政府的一个部门，这在实际的司法活动中也被应验，在很多地方法院审判活动中都出了地方保护主义，为什么会出现这种情况，根本原因就是我国地方法院体制的行政化根深蒂固。跨行政区域地方法院的成立从根本上打破了地方行政化的基础，地方保护主义和地方法院行政化已经得到了较好的解决，这是我国司法体制改革的一个极具智慧的举措，这不仅减少了法院对地方政府的依赖，也一定程度上减少地方政府在司法审判活动中对审判权的干扰。

第二，这种跨区域法院的产生，可以将地方法院与中央法院更加明晰地区分，这样的结果就是保持我国司法权力的统一性。在以往的法院设立中，地方法院由于设立在同一级地方政府之下，法院的审判活动也往往被同一级地方政府所干扰，加之我国地域广阔，而且各地之间经济文化等发展不平衡，这在一定程度上给我国司法独立添加了很多障碍。在我国司法体系中，中央有中央司法机构的职权和职能，地方司法机构有地方司法机构的职能，这样的设置本意上既能照顾全局也能涵盖地方，但是在实际操作中，由于地方行政化比较严重，这种原有设计的想法并不能体现在实际的司法活动当中，反而在很多时候造成了一些法院审判活动的障碍，既不利于人民权利的保护和公平正义的维护，也不利于国家司法体系的健康发展。跨区域人民法院的成立凸显了法院体系中地方法院与中央法院各自职能的明晰，既能体现中央司法的特质，能有助于地方法院去行政化的推行，确保我国司法权的统一完整。

第三，通过跨区域地方法院的建立，可以有效地整合地方司法资源，提高司法资源的有效利用率，让有限的司法资源尽可能地完成更多的审判活动，提高对人民群众利益的保护，提高我国地方法院体系的工作效率。在我国基层法院中，通常法官的日常工作量非常大，法院各部门之间也是非常忙，尽管所有的部门和人员都累得苦不堪言，但是由于其他一些司法资源不能够有效利用，或者说司法审判活动中人力、物力、财力以及时间成本的投入过大，最终的效果也是司法效率不高，不利于社会公平正义的保护。而跨区域地方法院的成立，以上种种弊端相当于迎刃而解，法院的行政化将会急剧降低，法院在司法活动中的成本会降低，整个司法活动效率会提高，人民群众的合法权益将得到更好的保护。

第四，关于跨行政区地方人民法院的成立，有助于党对人民法院工作的领导，这一点非常重要，司法工作是我国政治工作的重要组成部分，而政治工作的一个重要方面就是要保证方向正确，没有了正确的方向，所有的工作更多的是资源的浪费，只有方向正确了，所作出的努力才会产生更多的回报。我国是中国共产党领导的社会主义国家，遵从党的领导，跟着党的步伐向前走，就能够在方向上有所保障，如果方向错了，那么我国的司法体制改革也将进入死胡同。在我国现有的司法体制工作中，由于地方法院在审判活动中严重受到地方行政单位的干涉，严格意义上来讲，这种行为违背了党对司法工作的领导权，人民法院接受更高党的领导，同时也接受更高一级人大的监督，如果地方行政化的弊端无法解决，就不能够保障我国的法院体制改革一直走在正确的道路上。

就目前而言，很多问题如跨区域的法律问题，原则问题以及其他管理问题都需要进一步的明确，法院由人民代表大会产生，并受其监督对其负责，这是我国司法体制当中关于领导体制的最根本的解释，因此，在跨区域地方人民法院的领导和管理问题中，这个原则也是不能被打破的，也必须遵守这一宪法的规定。我国司法体制改革需要不断地对现有的一些体制进行打破重立，因此，我国在立法上也需要赶紧有相应的动作，协调地方法院体制改革中的一些调整。法院体制改革是一个系统工程，整个改革无论是在过程上，还是在未来的结果上都将对中国的政治民主生活产生极大的影响，人民法院体制的创新，从一定程度上也是我国政治生活方式的一种创新，是司法领域与我国整体上政治社会生活的一种协调。正是在这种背景下，目前我国的海事法院、铁路法院和一些大城市建立的知识产权法院，都是跨行政区的专门法院，这在我国司法体制改革过程中是一个有益的尝试，对于未来我国法院体制改革相当于积累了经验，提供了模式。

第五章　中国法院执行体制改革路径

审判容易执行难，这是我国法院执行方面的一个现状，这种现象也一直以来制约着我国法院执行工作的进展，是法院工作中的一个难点。2014 年，各级人民法院共新收各类执行案件 3138509 件，同比上升 10.75%；执结 2906861 件，同比上升 6.96%；截至 2014 年底，尚有未执结案件 503389 件，同比上升 85.27%；案件标的金额 9089.41 亿元，同比上升 25.63%。① 严格地说，法院在作出审判之后如果难以执行，这是对当事人合法权益的忽视和损害，也是对社会主义法治尊严的一种无视和挑战。追究执行困难的原因，既有法院自身的原因，也有执法外部环境方面的原因。其中法院执行机制上存在的问题，是导致执行难的一个重要原因。深化执行体制改革，推动实行审判权和执行权相分离的体制改革试点。建立失信被执行人信用监督、威慑和惩戒法律制度。加大司法拍卖方式改革力度，重点推行网络司法拍卖模式。完善财产刑执行制度，推动将财产刑执行纳入统一的刑罚执行体制。

第一节　中国法院执行体制的构成

法院执行包括刑事执行、民事执行和行政执行。目前，法院对民事与行政裁判的执行仍然占绝对主导地位，民事裁判的强制执行权只能由法院行使。法院对刑事裁判的执行占有很重要的地位。

---

① 刘泽. 破解执行难题　提升执行公信. 人民法院报(第 5 版)，2015-05-28.

一、刑事执行体制

我国法院具有刑事执行权，其历史很悠久，经历了一个由单独执行刑罚到与公安机关共同执行，然后是法院与公安机关、司法行政机关共同执行的过程。法院刑事执行权的历史，也是一个法院逐步放权于其他机关的过程。新中国成立以后，1953 年实施的《最高人民法院华北分院关于各级人民法院执行判决的指示》指出，判决的执行是全部审判工作的重要组成部分，人民法院不仅应该作出正确的判决，而且还应该及时执行已确定的判决，各级人民法院，特别是初审法院，应该指定专人负责执行工作，或由审判案件的人员负责执行，并应及时进行检查。1956 年，从最高人民法院的《各级人民法院刑事案件审判程序总结》中，可以看出一些当时法院的刑事判决执行情况。根据这个总结，对死刑的执行，很多情况下是由人民法院审判员监督执行的；对徒刑的执行，由人民法院在判决发生法律效力后，发给监所执行书；对判处管制和剥夺政治权利的，交由犯人所在地的公安机关、基层行政单位或者犯人的服务机关、企业、团体执行；对刑事案件的裁判中关于财产部分的执行，适用民事案件的执行程序。而民事案件的执行，就是由法院执行的，所以，刑事裁判中的财产刑也是由法院执行的。1954 年《人民法院组织法》规定了地方法院执行员的设立来保障裁决的执行，还通过明确的关于执行方面的具体内容的描述确定了在案件执行中的相关事宜。在规定中，法院的执行员只负责刑事裁判中的财产部分，其他的刑罚交由监狱、劳动改造机关以及公安机关执行，但因为监狱和看守所在很长一段时间内归法院管理，因而刑事裁判的执行主要还是由法院执行。随着监狱和看守所等刑事执行机关从法院移交公安机关管理，逐渐形成了公安、法院分权的刑事执行管理体制。1979 年《刑事诉讼法》对法院的刑事执行职能进行了明确规定。根据该法，除了无罪判决由法院执行外，死刑立即执行判决由法院审判员指挥执行，判处罚金与没收财产的判决也由法院执行。其中，对于没收财产的判决，在必要时候，可以会同公安机关执行。其他刑罚措施则由公安机关、监狱和劳动改造机关执行。至此，法院的刑罚执行权基本确定下来。此后，虽然在1983年中央决定将劳改、劳教工作由公安机关移交给司法行政机关管理，从而形成法院、公安机关、司法行政机关分别负责刑事执行的格局，之后的《刑事诉讼法》对相关条款进行了适当的改动，2009年，最高人民法院《关于财产刑执行问题的若干规定》规定中将财产刑执行方交由第一审法院负责。对于减刑、假释等刑罚执行异议的裁判权，其实施主体也有一个发展的过程。1954年《劳动改造条例》第70条规定，减刑或者假释，必须报请主管人民公安机关审核，并且送当地省、直辖市高级人民法院批准。最高人民法院在1956年通过的《关于劳改犯人减刑、假释的批准权限问题的批复》重申了这一要求："对劳改犯人减刑、假释的审批程序，目前仍应按照劳改条例第70条的规定，一律由省、市高级人民法院批准后，宣布执行。"由于将所有此类案件都交由高级人民法院来办理，往往造成高级人民法院的案件积压，而且有的省交通不方便，往往会影响此类案件的及时处理，因而在司法实践中，有一些地方将批准权交由中级人民法院实施。针对这种情况，1957年《关于对劳改犯减刑、假释的批准问题的联合通知》中对减刑和假释的批准进行了详细的规定。1966年公布的《最高人民法院关于无期徒刑减刑权限问题的批复》对此问题的处理有所改变，该批复规定："原由高级人民法院初审、上诉审或依法复核，并制作法律文书的死缓、无期徒刑和有期徒刑案件，其减刑、假释仍由高级人民法院办理。中级人民法院和基层人民法院判决的无期徒刑和有期徒刑案件，其减刑、假释可由中级人民法院办理。中级人民法院和基层人民法院判决的死缓案件，由死缓减为无期徒刑或有期徒刑，应由高级人民法院办理；以后再由无期徒刑或有期徒刑减刑时，可由中级人民法院办理。"据此，中级人民法院也有部分案件的减刑、假释的批准权。自此，减刑、假释的批准权由高级人民法院与中级人民法院来行使，如1979年《刑事诉讼法》第162条规定："被判处管制、拘役、有期徒刑或者无期徒刑的罪犯，在执行期间确有悔改或者立功表现，应当依法予以减刑、假释的时候，由执行机关提出书面意见，报请人民法院审核裁定。”①2012年修改后的《刑事诉讼法》第262条进一步将该条修改为：“被判处管制、拘役、有期徒刑或者无期徒刑的罪犯，在执行期间确有悔改或者立功表现，应当依法予以减刑、假释的时候，由执行机关提出建议书，报请人民法院审核裁定，并将建议书副本抄送人民检察院。人民检察院可以向人民法院提出书面意见。”②这些规定虽然与最高人民法院的前述文件不同，它只规定减刑、假释的裁决权赋予法院，但具体由哪一级法院来实施并没有规定。从有关司法解释与规定来看，这种裁决权是根据案件性质或者所判处刑罚分别由高级人民法院与中级人民法院来执行的。

二、民事执行体制

我国的民事裁判从中华人民共和国成立之初直到现在，都是由法院执行的，但在具体执行机构上，经历了“审执分立”、“审执合一”、“审执分立”的过程。解放前，解放区司法机关执行民事执行由专门设立的机构负责。中华人民共和国成立之后，人民法院的审判与执行是相互独立的，1954年《人民法院组织法》出台，第38条规定了地方法院在民事案件中设专门执行员负责执行。但自1957年“反右”斗争以后，我国司法体系的独立性受到影响，加上民事案件不多，司法机关民事执行也由审判与执行分离变为了审执合一。改革开放后，我国经济迅速发展，民事案件逐渐增多，法院工作量大幅增加，现有的审执合一体制已经不能适应社会发展的需要，审判与执行的分离成为社会发展的需要。在这种要求下，1979年《人民法院组织法》规定民事诉讼中重新实施审判与执行分离制度。1982年《民事诉讼法(试行)》第163条进一步细化了民事诉讼执行的要求。第166条还强调了发生法律效力法律文书，当事人必

① 葛琳. 论程序性争议——以刑事诉讼为研究范畴. 中共南京市委党校南京市行政学院学报，2005，3.

② 葛琳. 论程序性争议——以刑事诉讼为研究范畴. 中共南京市委党校南京市行政学院学报，2005，3.

须履行。到八十年代末，各级法院普遍建立了执行机构，到20世纪80年代末，全国各级法院普遍建立起执行机构。1991年的《民事诉讼法》第209条第3款对民事执行的“审执分立”体制作了进一步的确认。需要指出的是，此时地方各级人民法院建立的执行庭是与其他业务庭处于同一层次的，而且与其他业务庭一样，不同级别法院之间并不存在领导与被领导的关系，仅仅是一种监督和别监督的关系，千万不能将这种关系理解为像行政单位一样的领导与被领导关系。为了解决执行难的问题，中共中央于1999年发布了著名的中发(1999)11号文件，文件十分重视法院执行难的问题，文件还从不同的方面对如何解决这个问题提出了不少切实可行的意见。最高人民法院明确提出在全国建立起一个对执行机构统一领导、监督，配合得力，运转高效的执行工作体制。2000年9月，执行局作为专门执行机构产生，在这种背景下，最高人民法院与地方各级人民法院在执行工作的职能上发生了变化。2009年7月，我国的民事执行实现了全国统一领导和相互协调。其中的具体执行机构即执行局，在级别上高于同级法院的其他业务庭。此外，2012年修正后的《民事诉讼法》规定增设了民事裁判执行的监督体制。

三、行政执行体制

我国1982年民事诉讼法规定，事关行政诉讼的争议也适用于行政执行体制。这就是说，虽然当时我国没有《行政诉讼法》，但对一些行政纠纷，也应当由法院立案受理，并作出相应的行政裁判，只是法院审理行政案件时所适用的程序是《民事诉讼法》规定的程序，而不是《行政诉讼法》规定的程序。为此，对于行政裁判的执行，也应当适用《民事诉讼法》的规定来执行的。行政诉讼的执行出了法院进行之外，没有其他部门可以来执行，后来我国的行政诉讼法又进一步规定了行政机构是不具备强制执行能力的，可由法院代为执行。这种情况在1989年《行政诉讼法》颁布后有所改变。强调了在当事人拒绝履行时行政机关可以申请强制执行。法律、法规规定既可以由行政机关依法强制执行，也可以申请法院强制执行，如果行政机关申请法院强制执行的，那么法院可以依法受理执行。现在，法院对于行政裁判的执行，也是由专门的执行机构即执行局来执行。

第二节　中国法院执行体制存在的问题及其原因分析

一、中国法院执行体制存在的问题

我国法院的执行体制不管在理论上，还是在实践中都存在比较严重的问题。概而言之，执行体制存在的问题主要表现在以下两个方面：

（一）执行难

"一个案件能否执行或执行多少，主要取决于被执行人的财产能力状态，法院的强制执行力度只能起相对的辅助作用。"①被执行人有无可供执行的财产，是决定案件能否执结的核心因素，而社会的经济发展水平是决定被执行人财产能力状态的关键。虽然我国的经济得到了很大发展，作为个体的自然人的财富无论从厚度和均衡度，都存在巨大差距。社会保障制度不健全、虚拟经济在整体经济中的升高、贫富差距拉大，都从客观上极大地制约了被执行人的财产履行能力。②

从全国法院的整体情况来看，无财产可供执行案件占收案总数的30%左右。2003年全国法院共受理执行案件2289566件，其中没有财产或财产状况不明的占35.0%，2005年全国法院共受理执行案件2052835件，其中没有财产或财产不清的占28.7%③。至

---

① 董振国. 试论执行不能. 人民司法，2002，5.

② 曹波. 无财产可供执行案件退出机制的重设与运行. 人民司法，2009，15.

③ 广东省高级人民法院执行局综合处课题组. 执行不能情况与对策研究——以广东三个法院1057件执行案件为例的实证分析. 广东法院网，于2012年9月访问.

2009 年 6 月，全国多年累积下来的无财产可供执行案件 400 余万件①，占历年全国法院受理执行案件的 30%。②

2005 年至 2009 年上半年，郑州两级法院年共受理执行案件 68989 件，其中无财产可供执行案件 18938 件，占收案数的 27.5%。郑州 13 个基层法院中有 10 个基层法院无财产可供执行案件占执行收案的 20%以上，其中，3 个基层法院(中原区法院、惠济区法院、新郑市法院)的无财产可供执行案件占执行收案的 40%以上，最高的中原区法院达 46.1%(见表 5-1)。

表 5-1　**2005 年到 2009 年上半年郑州两级法院无财产可供执行案件占执行收案的比例**

单位	收案数	无财产可供执行案件数	无财产可供执行案件占执行收案的比率
金水区法院	12286	3247	26.4%
二七区法院	6163	1372	22.3%
中原区法院	4360	2011	46.1%
管城区法院	6658	1972	29.6%
高新区法院	3046	781	25.6%
惠济区法院	2979	1219	40.9%
上街区法院	1357	231	17.0%
巩义市法院	10442	2978	28.5%
登封市法院	3988	1009	25.3%
中牟县法院	3897	961	24.7%
新郑市法院	4397	1843	41.9%

① 无财产可执积案近 400 万件最高法将探索退出机制，法制日报，2009-06-13.

② 袁定波，王斗斗. 无财产供执行案占三成　最高法呼吁建国家执行救助制度，法制日报，2009-10-14.

续表

单位	收案数	无财产可供执行案件数	无财产可供执行案件占执行收案的比率
新密市法院	2565	376	14.7%
荥阳市法院	4523	410	9.1%
郑州中院	2325	528	22.7%
合计	68986	18938	27.5%

至2007年底，全国已执行立案但无财产可供执行的案件有360余万件，标的额达1900多亿元。① 而至2009年6月，全国多年累积下来的无财产可供执行案件400余万件②，占历年全国法院受理执行案件的30%③。从比较法的视域来看，“执行难”并非中国的独有问题，无论是英美法系抑或大陆法系国家，都在不同程度上面临着执行困境。但将现象和问题聚焦到中国语境，可以发现，“执行难”给我国司法实践所造成的困扰和冲击，早已超出了域外国家并且呈不断异化的态势。在此情形下，有必要从理念、制度和操作等层面对我国“执行难”现状的深层成因进行系统剖析，从而为之后评估实践做法并探寻优化方案，提供基准和方向。

首先，从执行程序相关主体的意识形态来看，社会公众对“执行不能”之客观性、难以完全避免等内在属性的认识不足，导致长期无法理性区分“应有之难”与“不应有之难”，进而加剧了对法院执行工作的质疑和不满。其次，从执行程序和相关制度的规范现状来看，我国民事诉讼法、司法解释及法院内部规范性文件等，虽然在一定程度上扭转了执行领域法律规范的贫瘠局面，但仍旧未能实

---

① 袁定波，王斗斗. 360万件无财产执行案件如何执结　建执行退出机制，法制日报，2009-08-19.

② 无财产可执积案近400万件最高法将探索退出机制，法制日报，2009-06-13.

③ 袁定波，王斗斗. 无财产供执行案占三成　最高法呼吁建国家执行救助制度，法制日报，2009-10-14.

现执行规范的体系化建构，进而滋生并恶化了“执行难”困境。最后，从执行主体的实践模式和操作方式来看，对新设制度和规则的理解偏误、对执行过程和执行信息的公开不足、对执行工作和实务创新的积极性缺失等，是“执行难”问题的又一重要成因。

执行难的问题一般不会出现在刑事执行中，因为刑事执行的主体是国家强制机关，在行使过程中有国家体制作为强制性的保障。对于执行难，最高人民法院在给中共中央的《关于解决“执行难”问题的报告》中将其概括为：“被执行人难找，被执行财产难寻，协助执行人难求，应执行财产难动。”一是被执行人阻碍执行。二是负有协助执行义务的机构或人员协助被执行人阻挠执行。三是地方或部门保护主义导致执行难。在跨区域的重大经济纠纷中，特别是败诉一方当事人属于重要国有或集体企业时，为了保护本地区的局部经济利益，一些地方政府甚至禁止法院执行本地企业的财产。四是法院执行人员怠于执行。

(二)执行乱

(1)中国行政体制和司法体制在设置上出现了部门繁多，功能相近的情况，往往在一件事情上出现互争管辖和推诿管辖。而且由于法制法规仍然不够健全，短期内也很难从根本上解决这种现象。

(2)不按法律规定滥用强制执行。

(3)过度执行或者重复执行。主要原因还是司法权威不高。

(4)法院执行费用应当按有关规定收取，但有的法院执行人员却在规定之外收取执行费用，如让当事人报销有关差旅费用、无偿使用当事人的交通工具等。有的法院执行人员则明知是案外人的财产，但为了完成执行任务，也将案外人的财产作为被执行人的财产予以执行，严重损害案外人的财产权利。有的法院执行人员则在收取被执行人好处后，强迫执行人与被执行人达成执行和解协议，减少执行的债权额。

(5)刑罚执行变更不合理的现象比较突出，不仅使刑罚执行的公正性受到损害，而且也为社会安全埋下隐患。根据《刑法》的相关规定，被判处有期徒刑的犯罪分子和被判处无期徒刑的犯罪分子，符合一定条件的，可以假释。减刑与假释的裁定权在中级以上的法院。但是，在司法实践中，常常会发生一些不具备上述条件的罪犯却被减刑或假释的现象。

二、中国法院执行体制存在问题的原因分析

在法院执行过程中产生的诸多问题，关键还在于执行体制层面。具体来说，导致法院裁判执行难、执行乱等问题的原因主要有以下两个方面：

（一）法院兼具审判权与执行权，难以改变“重审轻执”观念

因为重审判、轻执行，法院将主要人力资源都集中在审判工作之上，导致裁判执行的人力资源不足并不能在最佳的时期执行法院判决，尽管法院在执行机构方面进行了进一步的加强，并且高配了法院的执行局，对于缓解这一问题具有重要作用，但只要将执行机构内设于法院，就不可能彻底改变法院重审判、轻执行的观念。法院都不可能让一个“副业”与“主业”平起平坐，更不可能使其从一个“副业”变成“主业”，执行工作在法院工作中，永远摆脱不了“附属”地位。①

（二）法院兼具审判权与执行权，导致审执不分

在我国，虽然法院建立有相对独立的执行机构，先有执行庭，后有执行局，但由于法院兼具审判权与执行权，在执行工作中尤其是在民事与行政执行工作中，不可避免地呈现审判与执行难以有效分开的情况。

（三）执行程序与破产程序缺乏衔接

虽然从债权实现的角度来说，执行程序和破产程序扮演着同样重要的角色，但从执行实践来看，执行双方当事人在执行程序中都

① 汤维建. 关于破解“执行难”的理性反思——以执行体制的独立化建构为中心. 学习与探索，2007，5.

没有主动提出破产申请的主观意愿。对于申请执行人来说，选择破产程序会导致其与多个债权人同时分享债务人财产从而使自己的债权受偿额度降低；而对于债务人来说，其虽有主动提出破产申请的激励，但在目前诚信缺失、信用匮乏的情况下，债务人要么想方设法逃废债务，隐匿、毁损财产，要么被吊销、撤销、歇业，甚至注销，而法定代表人或股东则下落不明，债务人一般也不会主动提起破产申请。① 在我国破产实行以当事人申请为前提的制度安排下，法院不能依职权启动破产程序，执行程序和破产程序无法实现有效衔接，从而导致一些符合破产条件本应通过破产程序解决的无财产可供执行案件无法有效执结，形成大量无财产可供执行积案。

第三节 中国法院执行体制改革路径建议

一、实行审、执分离

为了缓解执行难的问题，将会在法院之外设立单独的执行机构，该机关的性质是行政机关，直属国务院，主管全国的司法、行政执行工作，下设置一个司法执行局主管司法裁判执行，并根据国家实际情况实行垂直领导，由中央财政保证其运作经费，配备专门的执行人员，从组织保障、经费支持、人员配备等各个方面对执行工作予以保证。

二权合一导致职权混乱，针对执行庭各自为政、不利于解决执行难的问题，执行局的产生在一定程度上解决了执行与审判混淆的情况，有助于执行的有效开展。这也是执行机构改革中的一个亮点，因为这一改革符合执行权的运行规律，有利于缓解执行难的问题。但这种模式与法院的整体性质有严重冲突，如何选择是个两难的问题，不管如何，这都是在法院执行过程中的一个问题，② 由此

① 童兆洪. 民事执行的法理思辨. 北京：人民法院出版社，2006：166.

② 汤维建. 关于破解“执行难”的理性反思——以执行体制的独立化建构为中心. 学习与探索，2007：5.

可见，最高人民法院之所以将上下级法院执行机构之间的关系改为一种领导与被领导的关系，其重要目的之一在于统一管理与统一协调本辖区内的执行工作，以排除地方保护主义等法外因素对执行工作的非法干预。但法院兼具审判权与执行权的体制，即将执行机构设置在法院内部，在一些案件中很有可能会使最高人民法院的这种改革努力付诸东流。因为，法院执行机构虽然受上级法院执行机构的领导，但执行机构的人、财、物却是由本级法院所控制的，在这种情况下，本级法院领导因受法外因素的干预而要求消极执行时，法院执行机构往往会听从本级法院领导的指示而不是上级法院执行机构的命令，由此，裁判的有效执行就会成为空话。

二权合一会让法院不合理适用财产刑。我国相关法律规定，财产刑由第一审人民法院执行，而实践中的普遍做法是，法院上缴财政的罚没财物越多，财政返回法院的经费也就越多。这就导致一些法院在决定是否适用财产刑以及如何适用财产刑时，并不完全根据适用财产刑的必要性，而是考虑了自己的利益，即使可以不并处罚金也并处罚金，即使只能并处小额罚金的，也并处高额罚金。在实践中出现的财产刑执行到位率低、财产刑“空刑”现象突出的问题，其重要原因就在于一审法院出于私利滥用财产刑，使不该适用财产刑的也适用财产刑，或者过度适用财产刑。

法院兼具审判权与执行权不利于提高裁判的执行力度。这与法院的“重审轻执”有很大关系。法院每年需要执行的案件特别多，为此就会产生执行人员少而案件多的冲突，冲突的结果往往是该及时执行的案件未能得到及时执行。

二、设立大执行区，去执行行政化和地方化

地方化和行政化是现行执行体系的最大弊端，如何根据我国国情做好这两点，对我国司法体制改革具有重要意义。去行政化有助于实现效率与公平，设立大执行区或将成为改革现有执行体制的突破口。

（一）设立大执行区

在我国司法体系当中，执行过程中的地方化和行政化属于顽

疾，不仅会在司法体系中滋生腐败，更不利于实现司法工作的效率，无助于人民权益的公平实现，可以说，司法执行去行政化和地方化已经时不我待。然而，如何做到科学有效地去行政化和地方化？这是摆在我国司法体制改革者面前的一道难题。目前，随着我国经济社会的不断发展，我国政治体制的改革也进行的有条不紊，我国综合国力增强了，法制体系也逐渐完善，在我国建立司法体系中的大执行区时机已经成熟。一方面，大执行在职能实现上具有先天性的优势，打破地方主义和法院体制当中的行政化，推动国家法院体制的改革；另一方面，大执行区的建立可以有效推动我国司法体系改革，我国目前的执行体制中，除法律赋予行政机关的强制执行权外，剩余的都是由法院来执行，这种情况在一定程度上就是执行权力混乱的表现，如果在国家设立总的知行局，在根据区域设置相应的执行机构，则可以从根本上推动我国执行体系优化。再次，设立大执行区也有助于司法财政保障体系的建立，统一的财政预算有助于司法机构更加有效地进行财务结算，提高办事效率，减少财物地方化带来的诸多弊端，在具体实施中，财物预算从中央到地方更加明了，司法执行经费由国家财政统一列支，这对于司法执行的地方化和行政化具有决定性的作用。

（二）将机构名称和相关设置都统一，进一步明确执行机构职责

终审制的执行不同于其他，强制执行有别于其他审判机构，这些都决定了执行机构不能像审判机构一样，保持审判机构和执行的机构的相互独立，就目前情况而言，统一执行机构的设置和名称，可以有效明确执行机构的责任，减少各机构在具体工作中相互抵赖，武断消耗人力财力的情况。同时，目前各个执行机构在名称上的不统一，会导致执行程序的无序性，中奖影响执行的效果。因此统一执行机构名称，明确机构职责是一项积极有效的方案。

三、完善立法，尽快制定出台《强制执行法》

在进行机构改革的的同时，制定专门的《强制执行法》，我国在法治建设中一直致力于法律规范的不断完善，尽管已经取得了巨

大的成绩，但是在法律执行方面，让旧缺乏一套完整有序的执行方案，现有的执行方案往往执行性不够，有时还存在一定的程序性漏洞，而且在彼此衔接上出现一定的问题，直接影响了我国社会主义法治建设工程。仍然需要尽快出台《强制执行法》，完善司法体制，促进司法体制改革进程。对执行工作从法律的角度予以规范，对执行工作中的具体问题作出明确的规定，使执行工作真正做到有法可依，在开展此项工作时可参照各地人民法院出台的相关措施，如实行执行申请权登记规定，对当事人申请执行时实行先行登记，对暂时找不到被执行人或被执行人没有可供执行的财产的，先行登记立案，中断执行时效，同时专门执行机关可主动调查被执行人的财产情况，改变目前要求申请执行人提供被执行人的财产状况的做法，从而减轻了申请执行人举证责任，扭转了申请执行人不利的法律地位，更好地保证了申请执行人的利益，维护了法律的尊严；而且还可参照《行政处罚法》，增加对重大执行行为的听证程序，专门执行机关对于执行标的重大、采取对被执行人有重大影响的执行措施时应提前告知被执行人有要求举行听证的权利。对于当事人的听证要求，专门执行机关应及时组织听证活动，依据《强制执行法》进行公正裁决，当事人对执行行为不服应允许其向人民法院起诉，从而消除被执行人对执行行为的直接抵触情绪，积极主动配合专门执行机关履行法律义务。

(一)关于执行条款的增加和修改问题

首先，要增加协助执行的相关规定，同时减少委托执行的份额，在实践中，大部分委托执行都无法取得应有的效果；其次，在执行条款中增加强制执行的比例，并对相关条款进行明确规定，这样才能增加司法执行的有效性；再次，在执行过程中的一些问题，如果有债权人进行担保，则是另一种情况，将会避免出现执行错误而导致的无人承担问题；最后，在执行条款中明确相关责任和义务，详细规定执行人员的权利和义务，以此来保障执行人员的切身利益，希望通过以上条款的增加和修改，提高我国司法执行的质量。

(二)明确各种强制执行措施

首先，金钱和债券关系的明确，对不动产和动产另作相应灵活规定；其次，对于生活必需品也即不得扣押物品的界限进行明示，以减少不必要的麻烦；再次，关于扣押品法院需要拍卖或变卖等相关程序要有明确而详细的规定；最后，需要进一步增加分配程序的规定。

(三)关于授予执行机关更大权力的问题

对于在执行过程中双方的权利和义务要明确，执行员在进行司法执行是其权利，当事人进行协助和配合是一项基本义务。对于执行机关来说，应该拥有更大的执行权以更好地完成工作，减少由于当事人不配合而导致的浪费时间和浪费人力、物力情况的出现。对于执行机构来说是可以想一些单位申请提供协助的，那么执行机构就可以向相关单位和个人提出执行协助请求，甚至在必要时可以请求公安机关协助。但是在整个过程中出现的一些不确定因素又将进一步增加执行的难度。

(四)必须明确规定的若干具体问题

除却上述问题，在执行过程中仍然有一些问题需要明确，例如，银行以及其他部门在执行过程中的配合问题、产权、股权或者知识产权的相关规定，数个债权人申请执行的竞合等问题，还有动产不动产的强制执行、执行中止、中断、复查等问题、隐瞒转匿财产等问题。

四、运用法治思维，改善执行环境，强化执行措施

我国社会正处于转型期，各种社会经济关系越来越复杂，司法执行所面临的情况也更加复杂，执行过程中的问题越来越多，执行难在一段时间内仍然会存在。从根本上来说，解决执行难问题必须运用法治思维，提高执行队伍水平，强化执法为民的理念，减少法院、执行人与政府之间的羁绊，不断改善执行环境。

首先，财产申报制度和财产举报制度，召开债务大会可以确定财产和债务，对拒不履行执行义务的人员进行通报和曝光，从事在一定程度上有助于净化执行环境。其次，举报和奖惩，利用这点发挥群众的积极性。最后，要强化举证责任，通过明确执行过程中执行人与被执行人的相关材料，为可能的情况提供一切可以提供的执行方案。

第六章 中国法院办案责任制的改革路径

第一节 国外法官责任制概况

在《法律的正当程序》一书中，英国上诉法院院长表示，作为一名法官，必须要从自身做起遵守相关规定，这样才能在办案过程中受到相应的保护，免于赔偿的相关责任。在一个合理有效的制度之下，法官们都应当坦然地依照行使，而不必总是担心受到责任赔偿，这样的话一定会影响到法官在司法审判中的表现，这种情况从一个层面表明了在国外的法官责任制情况中，在一定的法律权限之内，只要不是出于故意和恶意，尽管法官可能会在一定的条件下弄错一些问题，也可能对法律的认识上有一些偏颇，但是只要法官真诚相信所作所为都在责权范围之内，那么他就不会受到起诉的责任。倘若基于类似的诉讼被驳回，那么法官就需要找寻一定的证据证明在该项事件当中确实没有自己的责任，“法官表明他明知自己无权做某事却违法去做外，任何其他情况均不能使法官承担法律责任”①。

在德国，法官法规定，作为一名法官，只有在不影响其独立性的范围内，才会受职权范围的监督，这种情况反映的是法官陷入两难境地，首先是法官不能随心所欲，法官需要接受社会和纳税人的监督，这里说的是法官不能因为对自己的保护而影响了对社会公平

---

① ［英］丹宁．法律的正当程序．李克强，等，译．北京：群众出版社，1984．

正义的维护。其次说的是对法官自身权益的保护：法官自身的独立性不容侵犯。在这个问题上，世界上大部分的国家都有一定的规定，但是各国的做法又不尽相同，尽管如此，各国的做法还是可以归纳为两种基本的思路。第一种是给予法官充分的职务保障，第二种是保持对法官的严格追究。先从第一种情况说起，为了保障法官的独立性，为法官的审判活动提供尽可能有利的支持，法官在一些领域先天性地享受一些豁免权，这是法官的职业特点的需要所决定的，是保障法官独立性的需要，甚至在一些条件下可以不用对一些民事诉讼承担不被追求的权利。比如英国就是这样一个国家，在英国，法官可以说是完全独立的，只要是在他们的执法活动中，所有的问题和言论都是享受豁免权的，而且不管是否存在主观上的故意性。“甚至一个下级法院的法官，如果越权，在民事诉讼中也享有豁免权。”①与英国一样，美国在法官保护上也是“每一个法官享有在其履行司法职能时免负民事责任的绝对保护。根据‘司法豁免’主义，一个法官不为他在行使司法职能的范围内所实施的行为承担责任；这种豁免是绝对的，因为即使司法官员的行为涉及欺诈时，它也是适用的。”②同样在德国，法官所具有的独立性非常的大，法官甚至可以对一些可能存在的危害其法官独立性的行为诉诸于法律。事实上西方学者认为，一般来说法官不会滥用其特权的，尽管如此，极个别的个例还是难免的。③ 为什么在西方国家可以在法官的独立性上给予十分宽泛的豁免权，而不用担心法官们会在这个问题上故意做不好的事情，这个问题的根源，在于法官是否具备了良好的职业道德和修养，如果一个国家的法官普遍具备了较高的职业道德修养，那么就不用担心法官会故意利用独立性来做不好的事情，但是如果一个国家的法官队伍还不具备普遍的职业道德素养，那么才会在法官独立性的问题上纠结。目前，在西方发达国家中，

① ［英］沃克．牛津法律大辞典．李双元，等，译．北京：法律出版社，1989：482.

② Black’s Law Dictionary, West Publishing Co. 1979：761-762.

③ 宋冰．程序、正义与现代化．北京：中国政法大学出版社，1998：23.

一般在司法独立的情况下，国家都会对法官的责任制进行一些必要的规定，同时由于不同的国家在司法体制和诉讼和庭审模式等方面有不同的情况，各国在法官责任制方面的规定也不尽相同，在此我们要从以下几个国家着手，就法官责任制的范围、责任机构以及程序等方面进行分析比较。

一、国外法官责任的范围

（一）德国

德国是一个十分严谨的国家，即便是在法律关于法官责任制的细节上，也能有所体现。在德国，法官责任制的范围被分为两个部分：司法内责任和司法外责任。德国法典明文规定了禁止法官从事有害于公共安全和危害司法公正的事情，而且这些尽量所涵盖的范围比较广泛，包括受贿、洗钱、伪证制造等。而且，在处理这些法官的行为的时候，会充分考虑法官在从事上述行为时是否具有主观的故意性。如果是主观故意而为，那么就要对法官进行必要的惩罚，如果该法官在实施相关行为的时候不具备主观的故意，那么这种行为就不会被惩罚，当然如果是由于重大过失而产生了重要的危害，那么这种行为也会被追究。

根据德国法典规定，在一般情况下，都会对法官的主观性进行界定，一方面，这是因为要保护法官的独立性；另一方面，也不能让这种独立性无节制地泛滥，要让这种法官的独立性合理地限制在一定范围，总体来说德国法官所具有的独立性非常大，法官甚至可以对一些可能存在的危害其法官独立性的行为诉诸法律。事实上，西方学者认为，一般来说，法官不会滥用其特权，尽管如此，极个别的个例还是难免的。关于德国法官独立性的追究与否存在一个平衡点，决定这个点的核心也是法官队伍的职业道德和专业水准，这是一个非常关键的评判标准，这对中国的法官队伍具有十分重要的借鉴作用。例如，法官不得以其行为或语言损害法官的名誉。曾有法官因殴打紧追不放的摄影师或是为一篇有关纳粹集中营的杂志报道开脱而受到纪律处分①。

（二）美国

跟德国法官责任范围的规定差不多，美国的法官职责范围也分为司法内和司法外两个方面。关于法官职责范围的内容，美国律师协会《司法行为示范法典》中明文规定了法官在法律执行过程中必须要遵守的7条准则。这7条法官准则中有两条是直接针对法官责任的描述，其中第一条规定了美国法官要维护司法的独立和廉政，另外第5条明确规定了法官司法外行为的限制。可见，无论是德国还是美国，都具有对法官责任范围的规定，一方面，要保证法官在执法时的独立性；另一方面，也希望法官在处理其他事务中要保持一定的规范性，控制自己的司法外行为，尽可能地避免和减少与司法职责冲突的机会。随后，随着美国法律的不断更新，关于法官责任的条款也有了新的规定，如美国新通过的法官行为准则中，明确规定了要对法官的行为进行约束，法官在从事一切活动时，都必须要保证品行端正，不得从事危害人们可能误解司法独立性的行为。可见，一方面，是要维护美国法官的执法独立性；另一方面，也在提醒法官们要提升自己的职业道德修养。

（三）法国

法国在法官责任的规定上要严格得多，在1958年法国颁布的关于法官必须遵守的行为准则中明确规定了如果法官违反了相关条例，则会受到严格的惩罚。这个文件是法国法官的行为准则，而且明文规定了违反必惩罚，所有这些条文针对的不良行为主要是：行使职责过程中因违反荣誉、严谨和尊严犯下的一切违规行为。可见，只要是在法官执法过程，违反了荣誉，就是说你的行为不利于法官荣誉要受到惩罚，你的行为有损于法官的严谨的工作态度，还要受到惩罚，包括法官的行为有了其他严重后果还是要受到惩罚。

---

① 最高人民法院司法改革小组. 美英德法四国司法制度概括. 北京：人民法院出版社，2002：469-472.

法国的条文给我们描述这样一个事实，首先法官是一个具备了较高道德素养的人群，他们工作范围内一般不会出现各种有违职业道德的行为，这是一个前提，但是如果出现了不良行为，那么这种行为必须要受到惩罚，以维护法官队伍的纯洁性和维护法官队伍在职责与承担上的平衡。在实践中，法国法官受到惩罚的主要事由包括工作失误，个人生活不检点影响了法官在公众心目中的形象和尊严，滥用执法等，这些因素也有司法内和司法外之分。

(四)日本

作为一个东方国家，日本对法官的控制方面相对较为严格，日本的法院法明确规定了日本法官在职业责任方面的行为范畴：它们分别是：违反职业道义，工作没有尽职尽责，与法官行为不符合，影响了法官队伍声誉等。针对出现的不同程度的违反法官行为准则的行为，日本有专门的法官弹劾法来对诸多不良行为进行惩罚。也就是说，作为一个法官，你的行为跟你的职业行为不符，或者危害了你的职业声誉，都要受到惩罚，而且受到惩罚后不可以从事一系列的其他政治生活。还规定了法官不可以成为国会或者地方议员，不可以有酬劳担任其他职务等。

由此可见，无论是西方国家还是东方日本，只要是大陆法系国家，在法官责任的规定上都分为司法内和司法外两部分，这是法官特殊职业的性质决定的，法官在这些国家中是具备了较高社会声誉的职业，也理所当然地受到更为严格的职业道德约束。“法官被认为是正义、公平和礼节的集中体现。……如果法官不尊重自己，则法院的尊严就可能被损害；如果法官堕落，则司法的信任将被糟蹋。为维护法院的尊严，经常要用比其他人略高的标准要求法官。尽管社会可能容忍其他职业的粗鲁和不诚实，但法官却要因这种行为而受到处罚。”①

---

① [美]爱伦·豪切斯泰勒·斯戴丽，南希·弗兰克. 美国刑事法院诉讼程序. 陈卫东，徐美君，译. 北京：中国人民大学出版社，2001：194.

二、其他国家追究法官责任的机构和程序

（一）德国

在德国，由于法官一般都肩负着案件审判的使命，所以，德国法律规定只有在不影响其独立性的范围内允许其职务监督，这种监督的实施方来自于该法官所属的法院院长以及专业机构法官纪律法院。他们根据该法官在行为上的违纪行为，对照德国法官法的相关条文，有针对性地给予该法官应有的惩戒，这些处罚手段包括了警告、罚薪、降职、减薪以及开除公职共五种。以上惩戒并不包括该法官的行为已经触犯了其他法律构成犯罪行为，倘若法官的行为构成了犯罪，那么该法官的惩戒则不再由专门法院审判，而是转入普通法院按照一般犯罪行为进行审判处理。

在具体的处理轻重上，该法官的法院院长只能享有监督和作出警告处分的决定，其他处分必须经过法官纪律法院经过一系列审判后作出最后的判决。德国的法官纪律法院成立于 1851 年，是德国众多职业纪律法院中的一个，担负着对德国法官违纪违法行为进行审理的职责。根据德国法律规定，分管纪律法院由所在州的其他法官选举产生，五年一选，而且根据回避原则，同一个法院的院长和副院长不被允许同时在法官纪律法院任职。一般来说，出了对一般性法官违纪案件进行审理，法官纪律法院来直接管辖联邦法官的违纪案件，从这个层面理解，联邦最高纪律法院可以被看做是联邦最高法院的一个独立的审判庭，关于联邦法院审理案件时，“由审判长一人，常任陪审法官二人和非常任陪审法官二人组成合议庭进行。审判长和常任陪审法官均为联邦最高法院法官，非常任陪审法官为任职于被告同一系统的终身法官”。

根据德国法律规定，如果法官的行为直接构成犯罪，且被判处 1 年以上有期徒刑，那么该法官将自动失去法官资格，量刑更轻的，将由法官纪律法院对是否违反职业纪律进行评定，然后作出一定的制裁措施。①

① 宋冰．程序正义与现代化．北京：中国政法大学出版社，1998：21.

(二)美国

尽管每个州和联邦都有法官追究系统，但从根本上来说，这些法官追究系统大同小异，比如法官责任刑责上都主要包括训诫、斥责、警告等，其他还包括短期停职和撤销资格。而且会有一个专门的委员会负责一系列法官违法行为的管理。

1. 对联邦法官的惩戒

在美国，根据对象的不同，惩戒管理者也相应地不同，联邦法官的惩戒管理和州法官的惩戒管理者是不同的。随着美国法律的不断更新，关于法官责任的条款也有了新的规定，如美国新通过的法官行为准则中，明确规定了要对法官的行为进行约束，法官在从事一切活动时，都必须要保证品行端正，不得从事危害人们可能误解司法独立性的行为。如果一个联邦法官有了违纪和不端行为而且被投诉之后，首先会由巡回上诉法院指定专门的委员会对该法官的不端行为和违纪行为进行调查取证，当然也可以直接由自己的名义决定是否对该法官进行处理。如果被投诉人对这样的裁决表示不服，则可以再次提交上诉，根据投诉的相关依据，决定是否对该上诉进行进一步处理。如果经过一系列调查之后发现该法官确有不端行为或者违纪行为，则会由巡回法庭视情节对该法官作出惩戒决定，这些决定包括斥责警告停职等。理事会的惩戒权限可以包括斥责、警告和短暂停职，但不包括撤职，撤职需要将惩戒决定递交国会，然后由国会进一步进行调查取证，最后作出是否有罪的判决。

以上是对联邦法官的惩戒，相对于一些国家对法官的审判，美国对法官的惩戒相对严格，无论是一名普通的法官，还是身居要职的联邦大法官，当被投诉之后都会接受调查，并最终对所犯不端行为或者违法行为接受惩戒或者法律制裁。在美国历史上，截至目前为止，一共 13 起弹劾法官案经由众议院表决后移交到参议院审议，在这 13 名法官当中，两名庭审之前辞职，7 名法官在接受审判后被宣判有罪并被撤销法官职务，还有四名法官在接受审判会宣判无罪。

2. 各州对法官的惩戒

不同于联邦法官接受惩处的情况，州法官的不端行为和违纪行为在接受处罚时在程序上要相对简单，一般会有一个专门的调查委员会，通常有5~13名由法官、律师以及普通市民组成的陪审团，而审判法官则由最高法院任命著名律师协会任命，一般来说，委员会将受理任何人对法官的投诉并作出判决。同时，各州也各自规定有关于法官弹劾以及罢免的程序，不过对于一般性案件并不适用这样的程序，只有在案件比较特殊，并且案情较大的时候才会启动该程序。因为一般来说，弹劾程序复杂，费用较高，涉及人员和机构复杂，所以一般不会启动。当然，现在美国还有一些其他方式，如州长根据议会的劝退书也是一种。丧失工作能力调查委员会根据法官本人请求，经审理予以免职。①

（三）法国

法国对不端法官分为初步纪律和正式纪律的处分程序，该法令在以后的发展过程中有所改进。在该法令中，如果一个法官做出了不端行为，那么，首先要由该院的总检察长等确定该法官是否能够达到工作要求，然后你才可以根据必要的评价来处分该法官。当该法官被提请上诉之后，上诉法院院长可以根据实际的情况对该法官实施怎样的处罚，如果情节不重，则可以直接采取警告方式。

如果该法官的情节比较严重，甚至构成犯罪，那么需要将指控提交司法部，并进行一系列的详细调查，经过调查之后，如果情节不重，法国的司法部副部长就可以召集相关人士进行协调解决，倘若情节严重甚至构成犯罪行为，这个指控将被列为紧急案件，最后根据被告法官的上级的建议进行处理，或者停职，或者决定是否起诉。在这个过程中有一个默认的环节，那就是如果司法部长在两个月内没有就相关案件同最高司法委员会接触，则对该法官的临时停职就终止了。之后被告法官享有权利获得起诉书的复印件等相关文件。对于这类审判，最高司法委员会的审判程序并不是公开的，但是作为被告可以申请律师到场，最后委员会根据相关调查和依据进

① 肖扬. 当代司法体制. 北京：中国政法大学出版社，1998：55.

行判决。

(四) 日本

日本对法官的控制方面相对较为严格，日本的法院法明确规定了日本法官在职业责任方面的行为范畴：它们分别是：违反职业道义，工作没有尽职尽责，与法官行为不符合，影响了法官队伍声誉等。针对出现的不同程度的违反法官行为准则的行为，日本有专门的法官弹劾法来对诸多不良行为进行惩罚。在日本的法律体系中，关于法官不端行为责任的追究由日本最高法院或者由高等法院进行。对于法官行为的处罚主要分为一万元以下罚款和告诫处分，日本法律还规定："除依宪法规定的程序罢免法官外，不得违反法官本意而免职、转职、调动工作、停职或者减薪。法官的免职分为受国民审查罢免、受弹劾法院审理后罢免以及因身心障碍被罢免三种。"①

1. 关于国民审查罢免最高法院法官

日本关于法官惩处的规定法律根源来自 1947 年《最高法院法官审查法》，这项法律当中，规定最高法院的十五名法官在接受任命后的第一次众议院选举要接受国民调查，而且国民调查并不是一次的，经过十年之后，还会再次接受这种调查。不同于西方国家的方式，如果国民调查过程中多数国民投票赞成罢免，那么这种情况就变了，中央选举管理委员会需要立即通知法官本人，同时将其姓名上报相应机构，根据日本最高法院法官国民审查法的规定，公告 30 日内该法官可以上诉提请审查无效或者罢免无效，提起上诉的被告将是中央选举委员会。倘若过了 30 日而没有提请上诉，那么将视为认可了罢免和审查结果，至公告期满，该法官会根据情况被罢免，并且今后五年不能再担任最高法院法官。

2. 弹劾法院罢免法官

根据日本法律，如果国民发现日本各级法院的法官出现了类似

① 宋冰．读本：美国与德国司法制度及司法程序．北京：中国政法大学出版社，1998：209.

玩忽职守、渎职或者其他明显损害法官声誉的行为，可以请参众两院组成的法官追诉委员会进行弹劾，经过严格的调查程序；如果诉追委员会认可该项弹劾，则交由参众两院进行弹劾程序，如果最终超过2/3票数，则可以认定被罢免。在日本的历史上，目前已经有4名法官被成功弹劾并罢免。

3. 高等法院或最高法院罢免法官

如果一名法官因为年事已高或者其他原因不适合再担任执行法官，根据日本法律将会由高等或者最高法院对其进行例行的审判，如果该审判判定该法官确实因为身心原因不能担任执行法官的，则由最高法院将罢免通知内阁，由此免去其执行法官职务。

由此可见，各国根据立法的不同，通常都会对法官的不端行为或者责任保留追究的权利，不同的国家对法官进行审判的机构会有所不同，这一般也是根据各国的法律习惯或者法律规定而具体制定的。并最终出台审判结果，对于审判的结果一般也有两种：一种是不造成严重后果的，一般都是警告或者训诫，也有暂时性停职；另一种是在情节严重，甚至构成犯罪时，一般会交由国家最高司法机关来进行审判，最终形成裁决判罚。有的国家会启动弹劾程序来对严重违纪的法官进行审判，这些国家以英美法为主要代表，不过也有些大陆法系国家虽然规定了弹劾程序，但是在具体执行的时候会有所不同，有的国家是偏重其中一套程序，而有的国家则是注重两套程序并存。一般在两套程序并存的国家中，当启动弹劾程序时，一般都是比较严重的违法或者犯罪行为。然后，根据不同的情况进行量刑，最终实现对法官违纪违法行为的惩戒。我们了解学习西方国家在法官不端行为的追究体系，有助于不断完善我国法官责任制的改革，对此我们应当抱着开放的心态，积极吸收借鉴。

第二节　主审法官责任制

一、我国法律中追究法官责任的法律依据

在我国的法律体系中，关于法官责任追究的规定主要体现在以

下方面：

首先，关于法官不端行为或者违法行为的规定，我国法官法第30条规定，如果是散布有损国家声誉的言论或者参与非法组织，参与机会游行等属于法官不端行为，法官贪污受贿、徇私枉法属于违法行为，在调查期间刑讯逼供、隐瞒伪造证据的也属于违法行为，法官不遵守保密法泄露国家机密或者工作秘密、滥用职权侵犯公民或者其他组织利益的属于违法行为，玩忽职守渎职行为、故意延误工作等都属于我国法官法中追究法官责任的不端或者违法行为。法官具有上述行为，经过审判将会处以不同程度的惩罚。

其次，法官在造成以下情况的可以提交刑事诉讼。这是比较严重的行为，不仅仅可能造成其他公民财产损失，甚至会造成他人人身或者生命权利遭到侵害。例如在司法执行过程中对于没有违法犯罪的人实施错误逮捕，或者依照监督程序改判无罪但原刑罚已经执行了的，刑讯逼供或者暴力行为造成公民人身安全的，违法使用武器造成人身伤害或者死亡的以及其他违法实施的违法行为。对于上述责任人员，有关部门必须依照相关法律对相关责任人进行相应的处罚，构成犯罪的也必须追究其刑事责任，对于造成损失的，还需要根据法律规定进行必要的赔偿。

最后，关于刑法中司法工作人员造成的犯罪的情况，对于已经形成刑事犯罪的司法工作人员，必须根据我国刑法规定执行必要的审判和处罚，不能因为其司法工作人员的身份而有所不同。任何徇私枉法以及在审判活动中枉法裁决，或者私放在押人员等必须严惩。

在上述关于法官追责行为当中，一般都是一种禁止性规范，禁止性规范涉及的情节一般比较严重，造成的社会伤害也会更严重，对于禁止性规范行为，在范围上主要包括两大类：第一种是因为法官特殊身份相关的会造成损害国家声誉以及从事经营性活动获取非平等性利润的。第二种是法官在审判活动中抛开了审判的公平正义核心价值，徇私枉法玩忽职守或者滥用职权等行为。法官是法律的守护神，当守护神徇私枉法，那么法律本身所体现的社会公正和公平正义也将不复存在。第7届联合国预防犯罪与罪犯待遇大会通过并经联合国大会决议认可的《关于司法机关独立的基本原则》中规定，“司法机关应不偏不倚、以事实为根据并依法律规定来裁决其所受理的案件……”，“司法机关独立的原则授权并要求司法机关确保司法程序公平进行以及各当事方的权利得到尊重”。以上应当作为法官在审判过程中必须遵守的司法道德。也即是我国法律中所表述的“以事实为根据，以法律为准绳”。如果法官在审判活动中为了获取不正当利益，故意忽视法律条款或者恣意践踏法律尊严导致的国家法律执行失误，那么这样的法官必须要受到惩罚，还应当让其他法官受到警戒。对于一名法官来说，无论是违反了程序法还是实体法，都必须受到法律的惩罚，这样才能体现“法律面前人人平等”的法律精神，也才能不断提升法律权威。

平心而论，每个人都会犯错误，法官在审判过程中出现失误也是正常的，但如果这种失误不是以主观故意为前提的，那这种情况属于个人态度或者职业水平问题，如果这种失误是主观故意的，如徇私枉法、玩忽职守等情况，必须要严格追究相关法官责任。

针对非主观故意造成的失误，世界上很多国家都有法律规定法官的“司法豁免权”，联合国也就这个问题出台了《关于司法机关独立的基本原则》的规定，即“在不损害任何纪律惩戒程序或者根据国家法律上诉或要求国家补偿的权利情况下，法官个人应免于其在履行司法职责时的不行为或不当行为而受到要求赔偿金钱损失的民事诉讼。”

二、我国古代法官责任制考查

对具有司法权的官员进行责任追究的制度，在我国渊源流传。追究涉事官员责任，以缓和阶级矛盾，使利益冲突处于统治者可掌控范围之内，是历代统治者的目的。社会在发展，时代在进步，今日之法官责任追究自然不同于往昔。虽如此，抚今追昔，领略古往今来司法官责任制的基本风貌和精神，自会对今日之法官责任构建提供有益参考。

司法官责任追究肇始于夏商周。夏《政典》中规定：“先时者杀无赦，不逮时者杀无赦。”①要求司法官履职时遵守命令和制度。商袭夏规，商代“三风十愆”的规定，对司法官责任制度又进一步完善。至西周，司法官责任制度已较为完备。

司法官责任追究发展于秦至隋。秦简《语书》载“凡良吏明法律令”，而“恶吏不明法律令，不智(知)事，不廉洁……”则予以惩罚。首次根据司法官的主观心理将司法责任予以区分。汉承秦制，一是突出了主观心理的责任。二是加大了对贪赃枉法者的惩处力度。魏晋至隋，发展为在刑律中专章详细规定司法官的责任。

司法官责任追究定型于唐。《唐律疏议》司法官违法责任制度已定型化。唐律明确规定了出入人罪责任、管辖责任、刑讯责任、引用律条责任、引用律条责任、违限责任等司法官责任。

司法官责任进一步发展于宋元明清。宋代法尚宽厚，法官断狱之责任，则重其失入而轻其失出。明、清两朝在内容上规定得更为详细，并有所突破。明律司法官断狱之责任，较唐时有所加重，②如明律规定，判决书由主审司法官负责拟定，一般不得代笔。违者，杖八十。清律沿袭明律，但在司法官出入人罪责任上，又有许多补充。如对凡故“增杖从流”、“增徒从流”等具体责任和不同刑种的折算办法作了具体规定。

由上可见，中国古代司法官责任，由先前的混合规定发展到后来的专章规定，内容越来越详细，体系越来越严密；既注重客观损害，也注重主观过错；既包含程序责任，又兼有实体责任，但类型多以程序责任为主。以唐律为例，司法官需承担的程序责任有：违反案件管辖受理、讯问方式、法律文书之制作、复审、办案期限等责任。司法官需承担的实体责任主要是出入人罪。这与我国追求实质正义的传统有关，故出入人罪规定得甚为详细，惩罚甚为严厉。

明古鉴今，我国古代的司法官制度体系严密、制度完善，重视

① 江灏，钱宗武. 今古文尚书全译. 贵阳：贵州人民出版社，1990：102-103.

② 参见《唐律疏议·名例》“同职犯公坐”条和《大明律·刑律·断狱》“断罪不当”条。

程序责任追究，注重主观心理，做到了从社会犯罪实际出发去构造司法官责任制度，将案件的起诉阶段、审判阶段、执行阶段各个环节都纳入责任追究范围，这些做法值得借鉴。

三、现行法官责任制的实践探索

当代中国法治肇始于20世纪70年代末，① 人民法院一直在积极推行司法改革，有关法官责任构建的探索也从未停过脚步。从1978年改革开放到20世纪90年代初，司法改革的核心是重建司法规范制度和恢复司法秩序。

20世纪90年代，经济改革在如火如荼地进行，与此同时，审判改革也在深入进行，独任制的审判员和合议庭的权力不断被强化，在司法实践中暴露出很多徇私舞弊、贪赃枉法、以权谋私等问题。法官的行为失当、招揽案源、强行立案、恣意妄为、贪污腐败、随意裁判等不端行为很快便成为众矢之的，强化法官责任的呼声也顺风而疾。然而，司法改革伊始，如何进行责任追究却难以操作。后来发现，腐败和滥权难以发现，而裁判结果正确与否却易于量化。于是乎，错案追究制应运而生。

以往法官办案责任制的构建，反映了制度设计者规范司法运行的初衷。然而，经过多年的探索与发展，这些制度不仅没有达到当初预想的效果，反而引发了很多问题。

四、法官责任制的实践困境

既往法官办案责任制，挫伤了法官的办案热情，干扰了法官的独立判断，影响了法院的内部关系，降低了法院的司法公信力。一些法官为此锒铛入狱，一些法院为此畏葸不前。学界和实务界对既往法官办案责任制的批评主要在以下几个方面：

---

① 左卫民. 十字路口的中国司法改革：反思与前瞻. 现代法学，2008，6.

（一）认定标准不明确

如何认定错案，标准模糊，争议很大。错案追究制是以结果来论证过程的非正当性，① 错案追究制度隐含一个前提，即正确的裁判只有一个。事实上，面对复杂疑难的案件，唯一的正确裁判是不存在的。事实不易确定，法官阅历不同、能力各异，同样案件得出不同结论也是正常的，也符合世界多样性的特点。而错案追究制却否定了这种多样性。即使真的只有一个正确的裁判结果，如何认定也存在分歧。

（二）责任划分不公平

权与责应当统一，享有多大的权利，承担多大的责任。但是，在司法实践中，权利与责任并不对等。承办案件的法官并不具有决定权。因此，很难进行责任划分。② 有时承办法官不得不违心作出判决，而这样的案件一旦被认定为错案，由承办法院来承担责任显失公平。另外，即使法官在案件审理过程中没有受到干扰，但是，根据现行的审判管理体制，其裁判需要根据不同情况报送庭长、分管院长审批，庭长和院长不认可，裁判文书不可能发布。有时院长和庭长并不直接干扰承办法官审理案件，但是，承办法官作出的裁判文书庭长和院长不批，无奈之下，承办法官也只好屈就，揣摩领导的意思，作出领导认可的裁判文书。

（三）重实体责任

程序是否公正相对易于把握，由于重视实质正义的传统，既往法官办案责任制也偏重于实体结果。在疑难案件中，何谓实体公正本身就是仁者见仁、智者见智的事情，法官的裁判结果不可能使所

---

① 胡岩. 论司法错误与司法责任——兼论“错案追究制”的正当性. 法律适用，2011，3.

② 林喜芬. 论中国法官责任机制之语境悖论与变迁展望——基于司法错误防控的角度. 内蒙古社会科学(汉文版)，2011，4.

有的当事人都满意，无论是什么样的结果，都会招来质疑。应该摒弃只重实体公正的做法，转向审判程序是否合法进行责任追究。

(四)缺乏责任豁免制度

法官享有一定限度的豁免权是保障法官独立审判的前提，只有规定了法官相对豁免权，法官才能心无旁骛，真正做到独立审判，公民的合法权益也才能真正得到维护。法治发达国家均确立了法官的相对豁免权。在历史中，我国没有法官独立和豁免的理念。新中国成立后相当长的一段时期我国都没有完整确立法官制度。法官地位的真正确立是在司法改革推开以后。虽然《法官法》规定了法官应该免责的情形，而未规定采用什么程序来免责。①

五、主审法官责任制度重构

构建合理的主审法官责任制度，必须建立权责明晰、权责一致的制度，确立责任追究的原则，完善责任追究的规则。

(一)主审法官责任追究的原则

本书认为，应确立以下几个原则：

(1)经遴选考试选拔主审法官。在省一级设立法官遴选委员会，对现有法官进行遴选考试，选拔出称职的主审法官，新招录的法院工作人员成为主审法官之前必须经过遴选考试。遴选考试分笔试和面试。笔试主要考法官的专业知识，面试要对法官个人的知识能力、个人素质、心智是否健全、处事是否公平、沟通技巧、工作效率、领导和管理技巧等进行考核。面试应为考试的主要部分。面试可以小组面试、当面谈话、情景提问等形式进行。

(2)以事实性司法错误为基准进行责任追究。

(3)以程序性错误或法官失当行为为基准进行责任追究。通过对程序性司法错误的追究来防控实体性司法错误已经成为国际趋

① 孙伟良. 我国法官权利保障的完善. 郑州大学学报(哲学社会科学版)，2012，1.

势。法官是一种神圣而特殊的职业，法官必须具有司法良知，无论该失当行为是否影响到裁判结果，均应进行责任追究。

(4)由独立组织进行责任追究。在我国，法官的责任追究主要由法院内部的领导主导，亟须改良。本书认为，在全国人大常委会、各省、自治区、直辖市的人大常委会下设专门进行法官责任追究的机构比较合适。全国人大常委会的下设机构负责追究最高人民法院及各高级人民法院法官的责任，各省、自治区、直辖市的人大常委会的下设机构负责追究中级及基层人民法院法官的责任。

(二)承担责任的主体

对于案件承办人是一人的情形，责任由其一人承担，本书在此不再论述。本书重点论述对于合议庭承担责任的情形。

合议庭承担责任的情形下，案件的承办人应是该案合议庭的审判长。当一个法官能做案件的承办人时，其就应当有做审判长的能力。需要指出的是，院长或者庭长担任审判长时，原则上也应是案件的承办人，因为只有这样才有利于合议制度的有效利用。

法律应明确规定审判长的职责，并限制其分工权。笔者认为，审判长应具备以下职责：安排庭前准备工作；主持庭审；决定案件延期审理、休庭评议等程序性事项；主持评议案件；提交审委会讨论。但审委会一般不对案件事实负责。①

法律应明确规定合议庭其他成员的职责。笔者认为，其他合议庭成员至少应具备以下职责：提前阅卷，对依法不公开审理的案件，所有合议庭组成人员都应当阅读卷宗；② 在合议庭成员发言，评议案件环节时发表自己的意见，也需要实行“少数服从多数”的原则。

合议庭责任的承担，能够确定具体责任人的，由具体责任人承担。

---

① 广东省高级人民法院研究室理论研究小组. 法官办案责任制的健全和落实. 人民司法，2014，7.

② 姜梅. 现行合议制的变革与完善. 人民司法，2013，11.

(三)承担责任的条件

(1)废除案件审批制度。在实践中，奉行院、庭长(也包括审委会)案件审批制，保持院、庭长及审委会对裁判的最终决定权。[①]案件审批制度是以往法制不健全、法律人才匮乏不得已的权宜之策，曾发挥了一定的积极作用，其存在有其历史合理性。但自改革开放以来，司法领域一直强调司法的专业化和职业化，并且也确实日益制度化、规范化了[②]，时至今日，中国特色社会主义法律体系已初步形成，法院的法律人才也今非昔比，受过正规法律教育的法官正占据主流，而且比重逐年递增，在这样的情况下，继续实行案件审批制度，不仅有破坏审判权独立行使原则、影响案件公正审判之嫌，而且易导致职责不明，最后无人承担责任的后果。在这样的情况下，案件审批制度已无存在之必要。因此，实行主审法官责任制，必须废除案件审批制度。同时要明晰和规范院长、庭长的审判管理权，防止院长、庭长采取不留痕迹的方式改变审判组织的裁决意见。[③]

(2)将涉法涉诉信访问题纳入法治轨道。对此类信访问题，由信访机构转入各级人民法院专门负责处理涉法涉诉问题的机构。依法规范信访行为，主审法官依法审理的案件，如果没有违法行为，对于缠访、闹访等违法行为，依法予以警告、罚款、拘留，构成刑事犯罪的，依法追究刑事责任。

(3)承担责任的具体条件。a. 须有主观过错。法官承担责任必须有主观过错。过错包括故意和严重过失。判断严重过失要注意和一般过失相区别。b. 造成损害后果。如果法官仅有主观过错，并没有造成损害后果，则不应追究法官的责任。损害后果应是法官承

---

① 顾培东. 人民法院内部审判运行机制的构建. 法学研究，2011，4.

② 苏力. 送法下乡——中国基层司法制度研究. 北京：北京大学出版社，2011：24.

③ 胡云腾，范跃如. 审判权与审判管理权运行机制研究. 人民司法，2011，15.

担责任的条件之一。如果法官需要承担民事责任，则由当事人来承担举证责任；如果法官需要承担刑事责任，则有专门机关来承担举证责任。前已述及，主审法官主要对事实性司法错误、程序性司法错误及失当行为承担责任。

(四)责任的豁免

实行主审法官责任制度，必须完善主审法官豁免制度。如今法官已经成为一种高风险的职业，案件不同，当事人各异，案情千奇百怪，关系错综复杂。而法官审案，犹如渔夫，跨海驾舟，不知何时，遇有险情，灾难降身。法官每天胆战心惊、如履薄冰，这样的职业谁乐意来干？我国古代的司法官便被视为“不祥之官”，稍有门路的人，都不愿到刑部、大理寺等处任职，清代沈家本就曾说过，“时人视秋曹为畏途”，“国无专科，群相鄙弃”，“无人重视”。① 因此，缺乏豁免制度的主审法官责任制度是残缺不全的，是苍白无力的。缺乏责任豁免制度的司法环境，法官在职务行为中必会有所顾虑，不可能做到专心营职与独立公正，司法文明与司法权威不可能得以彰显。

需要明确的是，首先，法官豁免权应是一项程序性的权利而非实体权利。有了法官豁免权制度做保障，法官可以直接对抗民事或者刑事相关程序的启动。其次，法官豁免权属于审判人员的专属性权利，不同于其他法律职业共同体的豁免权利。

我国法官豁免制度存在的问题主要有：规定分散，效力位阶较高的法律规定的比较原则，可操作性不强；规定比较具体、可操作性较强的效力位阶比较低，对公安及检察院没有约束力。② 因此，对于法官豁免权制度设计，本文的建议是：

第一，完善立法。修改《法官法》，在《法官法》中明确规定法官豁免原则。增加规定法官豁免原则，从立法层面予以保障。

---

① 沈家本. 寄簃文存. 北京：商务印书馆，1976：32.

② 郭宁. 法官豁免权的存在空间及其限度——基于两大法系的比较视角. 山东师范大学学报(人文社会科学版)，2013，6.

第二，明确豁免制度内容。明确法官责任相对豁免原则，完善法官责任豁免制度相关内容。豁免主体为各级人民法院的主审法官，豁免对象为主审法官的审判和执行行为，豁免的范围包括民事责任和刑事责任，为便于法院的管理及对法官的监督，笔者建议豁免的范围不应包括行政责任。

建构主审法官责任制，是一项复杂且艰巨的系统工程，除了本节论述的方面，还必须完善相关的配套制度，使人民法院真正做到司法独立，使主审法官真正做到权责统一。为此，首先，要与当前的审判权运行机制改革相结合，真正实现权责一致；其次，要深入推进司法公开，让司法权在阳光下运行；最后，要提高法官准入门槛，完善法官职业保障。有了健全的配套制度，主审法官制度才能为完善中国特色的司法制度、实现社会的公平正义提供实践和理论支持。

第三节　合议庭办案责任制

从一般概念上看，责任是指“应尽的职责”以及“未尽职责时应当承担的过失”①。从法律意义看，责任是法律的强制，民法上的责任指“不履行法律规定的或约定的义务，而依法承担的不利的后果”②。2002 年《关于人民法院合议庭工作的若干规定》规定：“合议庭……共同对案件认定事实和适用法律负责。”

完善合议庭办案责任制是我国新一轮司法改革的重要内容和关键环节。③ 不可否认，无论是最高法院自上而下的指导规范，还是各地法院自下而上的实践探索，近年来合议庭办案责任制已经在司法改革的道路上迈出了不小的步伐。然而，当前司法实践中仍然存

① 王同亿. 现代汉语词典. 北京：京华出版社，2001：1524.

② 中国社会科学院法学研究所. 法律辞典. 北京：法律出版社，2004：831.

③ 最高人民法院于 2014 年 7 月 9 日发布《人民法院第四个五年改革纲要(2014—2018)》(简称为《四五改革纲要》)。

在一些不尽如人意之处，如以审判长责任或承办人责任代替合议庭责任，合议庭其他成员角色弱化、责任虚化，合议庭责任制无法发挥“让审理者裁判、由裁判者负责”的功能价值，这也是导致“合而不议”、“形合实独”问题没有得到根除的一大病灶。① 究其根源，主要是“在何种条件下构成合议庭责任”以及“合议庭责任如何在内部分配”这两个基本问题还没有得到满意的解答，而这两个问题却是构建合议庭办案责任制不可或缺的基石。

一、合议庭责任的司法现状

作为国家司法审判权行使的基本单元，合议庭肩负着“持司法之利剑，扬法律之正义”的神圣职责，因此，通常的说法是，合议庭享有依法裁量的权力，并对裁判结果负责。合议庭所承担的不只是法官的工作责任，更是代表一个国家品格的司法责任。无论是解读国家大政方针还是探讨对审判权的一般认识，都可以概括出“合议庭办案责任”的双重含义和价值，即“责任履行”和“责任追究”。具体而言，一方面，国家对合议庭成员授以职能权力，由他们以事实为依据，以法律为准绳，在职能权力范围内严格执法，公正裁判；另一方面，对于未能依照国家要求履行相应审判职能义务的合议庭成员，将按照其未尽职责的责任后果，追求其纪律和法律责任。

近年来，最高人民法院出台了一系列文件，以进一步加强和落实合议庭办案责任制。② 与正面强化合议庭办案责任相对应，有关

① 本书所说的合议庭成员并不包括人民陪审员。因陪审员对合议庭运行负有监督职责，为保持独立不应纳入合议庭责任范畴，而且法院对体制外的陪审员进行责任追究实际上也不可行。

② 最高人民法院在《一五改革纲要（1999—2003）》中提出要“强化合议庭职责”，在《二五改革纲要（2004—2008）》中提出要“逐步实现合议庭负责制”，此外还发布了《关于民事经济审判方式改革问题的若干规定》（1998 年）、《关于人民法院合议庭工作的若干规定》（2002 年）、《关于完善院长、副院长、庭长、副庭长参加合议庭审理案件制度的若干意见》（2007 年）、《关于进一步加强合议庭职责的若干规定》（2010 年）等文件，以进一步加强和落实合议庭办案责任制。

合议庭责任履行的惩戒制度也相继出台。早在1998年，错案追究制度在全国范围内建立。此后十几年间，各地方人民法院陆续出台“错案责任追究办法”、“错案责任终身追究办法”等规定（见表6-1）。

表6-1　**部分地方法院合议庭责任追究有关规定摘要**

序号	制度来源	内容摘要
1	河南省	（1）独任审判造成错案的，由承办人承担全部责任；（2）案件承办人未如实汇报案情或者提供虚假材料，导致合议庭或审判委员会作出错误结论的；或者遗漏主要证据、重要情节，导致错案的，由案件承办人承担全部责任；（3）经合议庭作出裁决造成错案的，案件承办人、审判长持错误意见的，承担主要责任，其他持错误意见的成员承担次要责任，审判委员会改变合议庭意见的，合议庭成员中持正确意见的不承担责任；（4）主管领导、部门负责人利用职权指示独任审判员或合议庭改变原来正确意见导致错案的，主管领导、部门负责人承担主要责任，案件承办人承担次要责任。
2	辽宁省	（1）由合议庭作出裁决案件，造成错案的，合议庭成员意见相同的，案件承办人承担主要责任，其他成员承担次要责任；持正确意见而未被采纳的合议庭成员不承担责任；（2）经部门负责人审核的案件，案件承办人在事实认定、证据审查及适用法律方法均无过错，由于部门负责人在审核案件中存在重大过失，造成错案的，由案件审核人承担全部责任；（3）案件承办人的意见与合议庭、部门负责人相同造成错案的，案件承办人承担主要责任，合议庭成员、部门负责人承担次要责任。

续表

序号	制度来源	内容摘要
3	黑龙江省	(1)主审人员因故意或重大过失致使案件主要事实失实，或不如实汇报涉及案件处理的有关事实和情节，或者有意歪曲事实及情节，造成错判的，由主审人员承担责任；(2)合议庭审理的案件现现错案，审判长主审的由审判长承担60%的责任，其他成员各承担20%的责任；其他成员主审的，主审的、审判长各承担40%的责任，其他成员承担20%的责任；合议庭成员中坚持正确意见的，不承担责任；(3)因院领导、庭领导违背法律规定或办案程序强令裁判导致错案的，由作出错误决定的直接领导者承担责任；(4)审判委员会决定否定了主审人或合议庭的正确意见而导致错案的，主审人或合议庭不承担责任；审判委员会委员中坚持错误意见的成员，应当分别承担责任，分别承担责任份额由审判委员会决定；(5)审判委员会指导性意见否定了主审人或合议庭的正确意见而导致错案的，审判委员会委员中坚持错误意见的成员，酌情分别承担责任，分别承担责任份额由审判委员会决定。
4	湖南省	(1)错误结果由合议庭评议形成的，由合议庭全体成员承担主要以上错案责任，其中审判长、主审人的责任应略高于合议庭其他成员，但不同意错误意见的不承担错责；(2)错误结果由庭长或主管院长参与研究形成的，如庭长、主管院长同意错误意见，庭长、主管院长承担次要错案责任，合议庭成员承担主要错案责任；如庭长、主管院长发表错误意见，合议庭经复议改变原决定同意该错误意见的，庭长、主管院长承担主要责任，合议庭成员承担次要责任；(3)错误结果由审判委员会讨论决定的，由导致错误决定的人员承担相应责任；(4)隐瞒主要事实或重要证据，导致错误结果的，由汇报人承担全部责任。

长期以来形成了“无规制即无约束”的状况。“责任履行”的不明确必然导致“责任追究”的笼统模糊，合议庭各组成人员的责任是大是小，往往取决于自圆其说的各种“具体情况”，这也是“合而不审”、“合而不议”问题的主要成因所在。人民法院《四五改革纲要》将健全合议庭办案责任制作为新一轮司法改革的目标之一。这一改革目标体现了国家对司法审判权配置的优化趋向，也从制度层面肯定了细化合议庭办案责任制是司法发展的必然要求。在未来的司法改革中，能否明确合议庭办案责任的构成，明晰合议庭与外部主体之间的责任划分，提高责任意识，使每个合议庭成员真正参与到案件审理过程中，而不只是对裁判结果的“填空”，成为能否真正健全和落实合议庭办案责任制的关键所在。

二、合议庭办案责任制的改革方向

目前，合议庭责任构成与分配的推行在我国现有司法体制下仍面临一些困境和障碍，亟待在今后的合议庭办案责任制改革中予以突破。

（一）以合议庭责任制的统一立法取代地方性做法

我国现行立法一直较为侧重对法官个人权责的约束与合议庭职责的整体性评价，而对合议庭内部各成员之间的责任划分缺少统一、细化的法律规定。虽然各地法院结合本院情况均出台了一些有关法官责任的规章制度，但由于对合议庭责任分配的认定、责任追究的标准和分级差别极大，“无法可依、无章可循”导致对法官责任追究的随意性，使合议庭内部权责失衡。因此，要转变“惟承办人负责、合议制度形同虚设”的局面，在深化司法改革的大背景下亟待通过加强立法，将合议庭成员内部的责任构成、分配以及责任追究上升为法律或司法解释统一加以细分和规范，以强化合议庭职权与分工，明确归责原则，完善权责统一、监督有序的合议庭审判权运行机制，实现合议庭内部成员权责配置的法制化、规范化，使合议庭办案责任制产生较强的制约力与威慑力。

（二）以司法管理体制的重构摆脱地方化和行政化干扰

从内部因素来讲，由于司法实践长期形成的旧有“惯例”，“金字塔”式的行政管理模式嵌入审判权运行体系中，造成院长、庭长的审判权与审判管理权、行政管理权无法剥离。审判实践中普遍存在审判长联席会、庭务会、专业咨询委员会等一些非审判组织，这些组织绝大部分由具有审批权的审判长、庭、院领导组成，虽然其本身具有发挥群策群力的优势，原则上不直接决定案件结果，但经过上述组织讨论后形成的意见，一定程度上会给合议庭的最终裁判造成主观上的钳制，如不加以规制，则会使合议庭权责分配形同虚设。因此，要确保合议庭裁判权的独立性，就必须取消层层审批制度，明确非审判组织的职能与定位，消除审与判脱节的状况，真正还权于合议庭，做到“谁审理，谁裁判，谁负责”，消除合议庭成员的主观顾虑。从外部因素来讲，由于现行行政运行机制将法院纳入行政管理的序列，使法院实际上处于同级行政机关领导的从属地位，党委、人大与法院的关系错综复杂，以及上下级法院之间一些协调、沟通的实践做法，很大程度上损害了合议庭办案的独立性，使合议庭对案件的裁判权范围过小。因此，欲真正还权于合议庭，需要转变党对司法工作的领导模式，规范人大对司法工作的监督方式，确保法院与地方行政机关的独立成为强化合议庭成员办案责任的基石，通过建立符合审判规律的管理模式，解除行政权对审判权的不当干预。

（三）以合议庭责任终身追究倒逼合议庭成员责任意识提升

不可否认，近年来，法院面临的审判任务日臻繁重，而司法资源却相对匮乏有限，由此办案人员的工作量和工作压力与日俱增，在此情况下，要求合议庭其他成员同承办法官一样事事具为、事必躬亲，难度确实很大，但合议庭成员责任意识不强确是不争的事实。比如，有的合议庭成员持有“事不关己、谁的案子谁负责”的观念，对参审的案件不愿多花精力去阅卷，“名义上是合议庭审理案件，实际上是‘承办人’独任审理”①。再如，个别法官运用法律知识解决实际问题的能力较低，对所要承担的责任存有主观顾虑，遂采用中庸之道而不为之。要真正强化合议庭成员参与办理案件的责任意识，除了对合议庭内部各成员办案职责进行科学合理分配，还要通过建立完善法官和合议庭责任终身追究制，倒逼合议庭成员提高主体责任意识，提高业务能力和综合素养，自觉在自己的职权范围内抵制各种外来干预，依法独立行使裁判权力。

（四）以法官职业保障相关配套改革助推合议庭责任落实

我国的法官职业保障体制还不完备，在法官职业权力、身份以及收入配套方面还有待提升，特别是在法官职业的福利保障方面，缺乏有效的激励机制和明确的考量标准，仍执行与其他公务员一样的工资制度和工资标准。笔者认为，法官职业化是国家法治化的应有之义，实现法官职业化，就应当有健全、科学的保障机制作为配套，特别是法官终身责任制实施以后，法官俨然成为一项高风险职业，为避免法官人才流失和法官断层的现象，除了要不断提高法官个人廉政素质外、赋予法官申辩权和救济权之外，还要尽快实行审判人员单独序列，确保其经济待遇不与行政职务挂钩，只与法官级别和审判业绩挂钩，并且还要因地制宜地推行法官的高薪制，提升法官的职业神圣感和荣誉感。

合议庭成员各司其职、各负其责，为推动完善和落实合议庭办案责任制、乃至健全完善权责明晰、权责统一、监督有序、配套齐全的审判权力运行机制奠定了坚实基础。然而，合议庭办案责任制的推进是一项系统、复杂、艰巨的工程，需要在司法改革大背景下有序系统推进，除了明确合议庭办案责任的构成和分配之外，还需要在此基础上进一步完善合议庭办案责任的认定标准、责任追究制度等，并努力与法院人员分类管理制度、法官员额制、院庭长审判监督制度以及审判委员会工作机制等外部制度进行协调对接。

---

① 左卫民，汤火箭，吴卫军. 合议制度研究. 北京：法律出版社，2001：81.

第四节　审委会办案责任制

司法体制改革的重点之一是完善司法责任制。按照“权责一致”的原则，审判委员会既然拥有讨论和决定疑难、复杂、重大案件的权力，就应当对讨论和决定案件的结果承担相应的责任，因此，应尽快研究建立完备的责任规范体系，实现审判权的合理配置与运行，建立与审判权相一致的审委会责任体系。

审判委员会制度自建立以来，在人民法院审判执行工作中发挥着不可替代的重要作用，但也存在着一些问题，影响了审判委员会职能作用的有效发挥。党的十八届三中全会对深化司法改革作出重要部署，明确提出了要“改革审判委员会制度，完善主审法官、合议庭办案责任制，让审理者裁判、由裁判者负责”。党的十八届四中全会提出依法治国总目标，对健全司法责任机制、推进严格司法提出具体要求。最高人民法院发布的修改后的“四五改革纲要”中，进一步提出要“健全完善权责明晰、权责统一、监督有序、配套齐全的审判权力运行机制”。如何落实司法责任制度、规范审判委员会权力行使，是审判委员会制度改革的当务之急。

一、问题核心：责任缺失

《中华人民共和国人民法院组织法》以法律的形式明确规定了审判委员会“实行民主集中制”这一工作原则。《最高人民法院审判委员会工作规则》规定：“审判委员会的决定，合议庭或法院其他有关单位应当执行，不得擅自改变。”按照“权责一致”的原则，审判委员会作为设置在法院内部的最高层级的审判组织，既然拥有讨论和决定案件的权力，就应当对讨论和决定案件的结果承担相应的责任。

然而，一方面，对于审判委员会集体是否要承担责任以及如何承担责任，人民法院组织法、三大诉讼法以及《最高人民法院审判委员会工作规则》、《最高人民法院关于改革和完善人民法院审判委员会制度的实施意见》均未提及；另一方面，对于审判委员会委员的责任，虽然最高人民法院曾在1998年相继出台的《关于人民法院审判人员违法审判责任追究办法(试行)》和《人民法院审判纪律处分办法(试行)》中进行了一定程度的规定，但也仅限于“故意违反法律规定或者歪曲事实、曲解法律”或者“主持人违反民主集中制原则”并导致决定错误的情形，总体而言较为原则且范围过于狭窄。

从实践来看，虽然各地法院对审判委员会的责任范围与追究方式进行了较为粗疏的规定，但都没有超出最高人民法院“两个办法”的范畴。一些地方法院甚至以文件形式直接规定审判委员会委员讨论案件不承担责任。从笔者对所在省法院最近一次调研的情况来看，自2010年以来，没有一名审判委员会委员因履职不当或履职违法而被追究责任，集体负责实际上成了人人无责，致使审判委员会作用和价值难以得到保证。

二、主要弊端：效用落差

按照《中华人民共和国人民法院组织法》对审判委员会的职能定位，其功能作用主要为审判决策、审判指导、审判管理和审判监督。但由于审判责任在审判委员会制度中的空转，导致其功能设计与现状之间产生巨大落差。

(1)隐含滥用权力可能。权力伴随着责任，拥有权力就意味着要对权力行使的结果承担责任。审判委员会享有权力，却不承担责任，就有可能造成权力的滥用，从而为冤假错案的发生埋下隐患。司法实践中经常出现的是一旦案件经过审判委员会讨论，即使后来被证明是错案，却无人或组织承担法律责任。“呼格案”、“浙江叔侄奸杀案”等一些社会影响较大的错案，都是经审委会讨论决定的。在这些案件当中，很难说全部审判委员会委员都依法、审慎而无过错地行使了手中的职权。

(2)压缩法官裁判空间。在当前职业保障缺失和错案追究的双重压力下，由于审判委员会“避风港”的作用，将案件推到审判委员会成为某些办案法官逃避审判责任的途径，同时也大大增加了审判委员会讨论和决定案件的数量。从实践来看，各级法院审判委员会讨论决定的案件呈现出逐渐扩大的趋势，承办法官独立行使裁判权的空间不断压缩，这显然与“让审理者裁判、由裁判者负责”的审判权运行机制改革目标相违背。

(3)影响主要功能发挥。根据审判委员会的职能定位，其首要任务应该是从宏观上总结审判经验，研究审判工作中的重大问题，指导司法实践。目前，全国许多法院审委会讨论案件数量逐年增加，有学者称之为“陷入了讨论和决定个案的泥沼中”。在这种情况下，审委会无法真正聚焦审判执行工作中的重大问题和重大疑难复杂案件的法律适用问题，从而限制了审委会作为本院最高审判组织的决策指导、管理监督作用。

三、改革重点：责任构建

司法体制改革的重点之一是完善司法责任制。作为法院内部拥有最高审判权的审判委员会必须建立完备的责任规范体系，才能实现审判权的合理配置与运行。

(1)责任主体。由于审判委员会对判决有最终决定权，由其承担审判责任是合乎逻辑的。同时，审判委员会作为一种组织形式，其形式上享有的审判权实际上归属于审判委员会委员，在审判责任对应于审判权的原则下，此项责任应当归于审判委员会委员。这也是“让审理者裁判、由裁判者负责”原则的必然要求。因此，应当建立审委会委员责任制度，以个人责任为出发点，明确规定每一位委员应对并且只对其发表的意见或行使的行为负责任，即形成一种集体决策、个人负责的责任制度。

(2)责任范围。按照司法改革精神，今后审判委员会主要讨论案件的法律适用问题，按照“权责一致”的原则，审判委员会所应承担的司法责任也应落实到法律适用方面。应当将违法履职或不当履职行为作为追究责任的唯一依据。既包括《关于人民法院审判人员违法审判责任追究办法》中规定的“审判委员会委员讨论案件时，故意违反法律规定或者歪曲事实、曲解法律，导致决定错误的行为”，也包括违反程序规定的责任。如果审判委员会主持人违反民主集中制原则作出会议决议，则应追究主持人责任；如果全体成员不遵守相关的工作程序、不遵守正常的表决程序，则也要对全体成员追究责任。

(3)责任程序。建立责任评判及追究程序规范，按照统一明确的程序进行责任追究，可以明确由第三方行使责任评判与追究的职权，如“四五改革纲要”中规定的由法官代表和社会有关人员组成的法官惩戒委员会。建立和完善对审判委员会委员的问责程序、责任追究程序与惩戒程序，同时赋予相关责任主体以申辩权和申诉权，此外要明确免责事由；将责任追究的过程及结果以公开的方式引入公众监督机制，以实现既避免各级法院在审判责任追究中的任意而为，又依法保障审判委员会和法官独立行使审判权的正当行为的目的。

(4)责任方式。作为司法责任制度的重要内容之一，不仅要落实“四五改革纲要”提出的“建立审判委员会委员履职考评和内部公示机制”要求，而且还应当建立针对审委会委员的问责制度和惩戒制度，包括免除审委会委员职务、职业评价及职业谴责等。除涉嫌刑事犯罪的须按刑事诉讼程序依法追究外，涉及行政惩戒和职业评价的应当由法官惩戒委员会对其行使审判权的行为进行评价，对于情节较轻的可直接由其通过委员职业评价的方式予以警示惩处，对于情节较重者应报请人大予以免职；还可将评价情况通知组织和纪检等部门，并依照相关规定给予纪律惩处。①

---

① 江梅洁，黄金喜．建立与审判权相一致的审委会责任体系．人民法院报，2015-03-18.

第七章　价值导向方法在我国司法实践中的运用

随着司法问题越来越成为法学理论关注的重点问题，司法方法在司法功能的实现上更具有重要作用。党的十八届四中全会在处理涉诉信访等司法活动时指出："坚持人民司法为人民，依靠人民推进公正司法，通过公正司法维护人民权益。在司法调解、司法听证、涉诉信访等司法活动中保障人民群众参与。"①"加大对虚假诉讼、恶意诉讼、无理缠诉行为的惩治力度。完善刑事诉讼中认罪认罚从宽制度。"②这对于司法机关处理好涉诉信访问题无疑是纲领性文件。要妥善处理涉诉信访等问题价值导向方法毋庸置疑是完成这一任务的重要方法，我国的司法实践严重缺乏对价值导向方法的理性认知。在我国法治现代化的建设中，法律规范体系中必然应当包括基本的价值体系，这些价值体系使法官成为社会的良心，这是司法机关独立地位的理论根源，也是司法机关保持话语权、理性司法的依靠。在我国司法实践中，司法裁判受到各种价值导向的影响，应当确定什么价值作为司法实践的价值标准就成为一个重大问题。拉伦茨的法学方法论明确的提出了"价值导向的思维"，用以维持法律的客观性。"法治的思维方式，就是通过对个案或类案反映出的客观事实和客观证据的表象，依法律规格的要求，在准确理解法律概念、清晰固定法律范畴、介入适格法律对象的基础上，所进行

① 参见《中共中央关于全面推进依法治国若干重大问题的决定》，2014年10月23日中国共产党第十八届中央委员会第四次全体会议通过。

② 参见《中共中央关于全面推进依法治国若干重大问题的决定》，2014年10月23日中国共产党第十八届中央委员会第四次全体会议通过。

的法律分析、法律综合、法律判断、法律推理等，执法人员一种特有的思维认识过程和外化的规范行为。”①

第一节　司法中的价值导向方法的定义

司法中的价值导向方法就是，在司法过程中，法官为了针对个案做出合理判决，从主客体关系角度出发，以制定法和制定法蕴涵的价值观念为导向，通过考察和衡量具体情境中的价值关系，认定案件事实，选择适用的法律，以符合价值思维的方式进行逻辑推理的方法。法官针对个案做出合理判决是由司法功能决定的，对于诉讼活动法官不能回避，因为诉讼各方的争端必须得到解决。从主客体关系角度出发是由司法活动的性质决定的，司法权的本质是判断，而判断是一种思维方式，是指明法律行为合法与非法的思维过程，即是一个做出价值判断的思维过程。而价值就是指客体的存在、属性及其变化同主体的尺度是否一致或相接近。② 法官必须受制定法和制定法所蕴涵的价值观念约束，其根据还在于可以防范主观判断的恣意性，保障相同案件得到相同处理，以及是法官作出的判决具有正当性和合法性。考察和衡量具体情境中的价值关系是法官运用价值导向方法的关键内容。拉伦茨指出，作为陈述的案件事实之终局形成，取决于可能适用于该事件之法规范的选择，而这项选择却又一方面取决于判断者已知的情境，另一方面取决于他对于案件事实所属的规范整体之认识如何。③ 无论是事实上认定案件事实和选择适用规范是“相互往返”，还是理论上对其进行的区分，二者都是法官作出判决的必要前提，是法官运用价值导向方法的目的。以符合价值思维的方式进行逻辑推理指的是法官运用价值导向

① 周平. 遏制刑事“冤假错案”顶层设计的法治思考. 中国刑事法杂志，2013，10：73.

② 李德顺. 价值论(第2版). 北京：中国人民大学出版社，2007：27.

③ [德]拉伦茨. 法学方法论. 陈爱娥，译. 北京：商务印书馆，2003：164.

方法既非事实命题之间的推理，亦非价值命题之间的推理，而是运用价值思维连接事实与价值的推理。

第二节 问题的引出：以对“闹讼”的处理为例

“法官在庭审中作用发挥的大小取决于两个因素：一是庭前对案件的了解程度；二是庭前手中所掌握的案件资源。”①2001 年 9 月 27 日广东省四会市人民法院审判员莫××开庭审理一宗民事欠款纠纷案件，原告起诉四位被告偿还借款及其利息，提交了有四被告签名的借条作为证据，四被告一再辩称该借条是在原告胁迫下抄写并签名的，“法官的预断是建立在部分控诉证据基础上的片面预断”②。莫××以“谁主张谁举证的原则”，在判决中认定借款合同成立，支持了原告诉请。2001 年 11 月 14 日中午，其中的两位被告在该法院外喝农药自杀身亡。随后，四会市检察院通过调查发现该借条是胁迫所写，因此对上案中的原告及同伙提起公诉，2002 年 9 月四会市人民法院作出一审判决，认定本案被告人犯抢劫罪，被告上诉之后肇庆市中级人民法院维持了一审判决认定的罪名。2002 年 10 月 22 日，肇庆市人民检察院调查莫××，并随后以涉嫌玩忽职守罪向肇庆市中级人民法院提起公诉，2013 年 12 月 4 日，肇庆市中级人民法院判决莫兆军无罪，肇庆市人民检察院提出抗诉，2004 年 4 月 28 日，广东省高级人民法院作出二审裁定书，维持原判。在上述两个案件中，法官审判的独立是否是司法活动本身的导向性价值值得疑问，而对案件事实的认定问题，莫兆军法官运用民事诉讼的“谁主张谁举证的原则”的方法是否正确。目前在我国司法实践中，在对于闹讼现象的处理时，为了直接维护稳定社会，片面强调社会效果，有些时候法官在作出司法裁判的过程中没有坚持“以事实为根据，以

① 韩红兴. 论我国新刑事诉讼法下的公诉方式变革. 中国刑事法杂志，2013，4：76.

② 韩红兴. 论我国新刑事诉讼法下的公诉方式变革. 中国刑事法杂志，2013，4：78.

法律为准绳”的价值取向。这种价值取向将导致法律虚无主义，因为事实上体现了法律价值的法律规范已经形同虚设。

第三节　运用价值导向方法对我国司法现状的分析

我国传统司法文化中向有“重实体、轻程序”的思想，司法者往往更为追求案件的实体公正，客观真实，关注在司法中考虑民意对于裁判的意见。然而限于个体认知能力的有限，司法技术的有限，客观真实与实体公正、实质正义往往又是司法能力所不逮的，这样法官的个人因素(包括司法经验、社会阅历、价值取向、廉洁与否等)就在司法决断中发挥着决定性作用。由于法官自身情况千差万别，在处理同样案件中就可能因法官个人判断、好恶的不同而出现不同对待，这导致的一个后果就是司法不能通过纠纷解决过程对立法规则加以明确化和精细化。

我国当代法官实际上就深受这一传统司法文化的影响，在司法理念上表现为孜孜以求的是案件的实体公正与客观真实，而忽视程序公正与法律真实的重要性；而且民意(往往是通过新闻媒体对案件提前介入报道反映出来的民意)在裁判中常常成为影响决断的重要因素。而这一理念和思维极易导致法官的非理性，促使法官在“考虑裁判所可能造成的政治、经济后果和社会影响”时，“去迎合特定形势、原有社会秩序、传统文化的需要而对法律进行变通的适用，甚至是偶尔的违法司法①”。

在实践中，将以价值为导向的方法作为我国司法过程中的主要方法，是因为在法治现代化的建设中，我国的司法实践严重缺乏对以价值为导向的方法的理性认知。主要表现在四个方面：第一，直接将法条作为价值标准，而没有认识到价值标准的本质；第二，将事实认定和价值评价截然二分，对于司法过程中的法律推理过程认

① 夏锦文，徐英荣. 现实与理想的偏差：论司法的限度. 中外法学，2004，1：44.

识模糊，例如，2012 年刑诉法修改之前一直将证据定义为“证明案件真实情况的一切事实”，那么当事人提交的材料就不能认为是证据，因为这些材料未必就有证明力，而事实上法院作出的“该证据无相关性”或“该证据是非法证据”的表述前提就已经将证据材料视为证据了，这种基于认识论对证据的定义显然使法律推理中的概念发生理解上的错乱；第三，没有认识到司法活动本身的性质，在体制上无法保证司法中的以价值为导向的方法的正确运用，例如，将司法活动视为执行政策的活动，基于“维稳、能动司法”等政策的片面理解所造成的司法公信力下降已经被很多有识之士指出，其根源就在于司法本身具有的被动性、合法性、程序性等规定性没有被充分重视；第四，在价值标准的确立上，不能充分联系实践，以正确的价值为导向，例如，司法地方化、司法参与招商引资以及司法腐败等不良司法表现。这四个方面的缺陷导致了我国的司法权威性和合理性被削弱了。

第四节　运用价值导向方法对我国司法问题的解决

事实上，法律与政治的关系一直很密切。法院实践和法理学在不同时期适应新的政治体系，并接受已经改变的事实与政治或社会的价值观，这并非一个罕见的过程。但是它与历史政治的关系却常常导致恶法的诞生，导致司法过程的异化。

以历史的观点来看，使承继的法律规定适用于新的事实、调整问题以及已经改变的价值观似乎是法律工作者在理论和实践中的长期任务。这意味着法律工作者既不能沉迷在试图将解释者的主观价值观转换为科学确定的客观的法律内容上。这种惯性思维方式说明人们很少以批判的眼光去分析这种在学术研究和实践中根深蒂固的论证模式①。而对于政治来说，法首先是政治共同体用以安排、调

① ［德］魏德士. 法理学. 吴越，丁晓春，译. 北京：法律出版社，2005：283-284.

整和形成(重构)人类共同生活的必要组织和统治工具。正如魏德士所说："如果政府要重新安排特定的生活领域，那么典型的工具就是法律。"①任何法律的诞生都离不开以法律规范的形式得以巩固的政治的形成意志。法律规范应该实现政治的秩序观和价值判断，这反映在所有生活领域中。法律的创建目的反复地转化为形式主义极强的程序规则，并以此作为外部的掩饰。法律适用形成和调整国家和社会的政治功能，并未被法律适用者重视或者根本不被察觉。

国家政治价值观的内容和活力则比有关法律条文的变化更加迅速，以至公民价值观与法律规范的价值标准之间常常出现紧张关系。一方面，社会中出现的价值多元主义本身为贫民创造了尽可能大的自由空间；另一方面，它使世界观不同的、政治和社会团体受到法律的约束，即一场持久的"权利斗争"。这场持久的观念斗争使反对者两极分化并导致一切重要的社会过程政治化。它逐渐削弱普遍的价值确信("基本价值")，而宪法基本法正是将这种价值确信作为基本权利的前提②。这就是在宪法获得政治价值的合法性之后，这些价值转变成了法律基本价值，具有了稳定性。任何真正的国家形式都要以物质性政治价值的稳定存在为前提，由此国家共同体的信仰被合法化并得到尊重。这样，任何政治国家形式才有了超越物质的(意识形态)基础。司法腐败和肤浅的政治导向都是对法律价值的否定，使得法律价值判断失效。这样的后果是严重的，应当引起警惕，因为一旦法律基本价值不能在司法判决得到体现，那么就会有其他价值取而代之。

当前中国司法环境下，存在诸多干扰性的价值判断标准，而且每一种干扰性的价值标准都有其深刻的传统渊源和社会根由。一方面，作为社会正义的最后国家机构的职能被过分分散，司法权威被削弱，而投机者和资源掌控者的活动空间则不断扩大；另一方面，

① ［德］魏德士. 法理学. 吴越，丁晓春，译. 北京：法律出版社，2005：38.

② ［德］魏德士. 法理学. 吴越，丁晓春，译. 北京：法律出版社，2005：23.

随着评价行为主体的多元化，评价行为的价值导向不明确，司法判断就成为了解决生活冲突的低层次的方法，我国出现的“闹讼”现象就是其中的表现之一。这是我国司法判决容易偏离宪法确立的伦理性价值追求的根本原因。坚持法律的价值导向思维方法是彰显司法独立本身所具有的制度优势的必然选择。

我国目前有的司法判决之所以不具有可接受性，因为其价值判断是政治因素、权力和官本位立场的，是独白而非各个社会主体之间的有效对话体现出来的价值判断。这种司法判决的错误之处就在于司法机关没有普遍可接受的按照法律价值标准进行法律判断，因而没有正当性和合理性。法律价值的合理性在于它的公众认同性，它能使法律价值判断具有普遍可接受性。如果司法机关不能严格坚持法律价值判断，则会令公众无从选择行为的价值标准。因此，在整体社会结构复杂，人文环境和制度环境不良的情境下，要实现法律在规范人们行为过程中的目的，就应当在法律事实认定和法律选择过程中坚持法律价值判断，弥合中国法治环境下的思维裂缝，使司法判决具有可接受性。尽管大多数地方都将司法视为法官的裁判活动，但是在我国语境下不可避免要运用到较为广义的司法概念，即将司法部和公安部系统也纳入司法主体中来。如果说这些部门的设立规则和实践具有历史的路径依赖性，那么基于色彩明显的战略规划和目标管理的司法结构的安排，随着社会的快速发展，也产生了科学认识和重新调整的必要了。价值导向方法乃是针对法官适用法律处理具体个案的过程提出的。但是如果实际社会组织的运行过程中出现法院接受政府行政命令，与检察、公安、城管、城建、国土规划、房管等部分搞拆迁、完成招商计划①，甚至沦为黑势力的保护伞，那么我们就必须再一次从制度结构上考虑价值导向方法运行的外部条件了。司法中的价值导向方法的外部条件以案件管理为中心来论述。之所以进行这样的安排，一方面，是因为现在已经进入大数据时代，案件管理在信息技术时代有其自身的发展；另一方

① 李林，田禾. 中国法治发展报告. 北京：社会科学文献出版社，2013：69.

面，法官处理具体个案是司法活动的最小单位，是司法中充分发挥价值导向方法作用的最重要的领域。应当满足在以下四个条件：

第一，法院的行政管理与案件管理应当分工明确，行政管理人员不可干涉法官的案件管理。“审判机关根据职业特点的要求，凸显‘中立性’、‘独立性’、‘裁决性’、‘终结性’的特质。[①]”苏力教授认为我国的法院内部没有实现职能分工，没有以法院对于其所在社会的基本功能或宪法职能为中心进而实现法院的诸多功能的分工和剥离。[②] 如果法院中法官还要兼职管理法院运行的财政、人事，甚至基建等行政事务，行政事务的主管能利用职权影响、干涉，甚至命令法官所处理的具体案件，那么法官就无法做到真正专业化的处理案件。

第二，应当案件管理应当充分依法实现证据认定的科学化、管理的程序性。最终被认定的案件事实与实际发生的事实并不是同一个概念，由于主客体关系中客体也要发挥其客体尺度，进而构成价值的规定性的重要部分，因此证据就常常成为具体案件处理的最重要的内容。对于证据的重视是压迫、由价值导向方法的立场决定的。

第三，应当提高司法透明化的程度。目前司法透明的法律依据还只是原则性的规定，实践中主要是通过司法解释和内部文件的形式推进，造成了我国司法信息透明程度不够。根据《2012 年中国司法透明度年度报告》，建有网上案件查询系统的中级人民法院的比例只有 23%，90%的法院未公开审判人员名单，而中级人民法院提供开庭公告的比例只有 65%。[③] 2012 年修订《民事诉讼法》以法律形式对裁判文书公开做出了明确规定，但在实际调查中还存在更新不及时、利用受过度技术限制以及不重视意见反馈等问题。司法透

---

① 周平．遏制刑事“冤假错案”顶层设计的法治思考．中国刑事法杂志，2013，10：73.

② 苏力．送法下乡——中国基层司法制度研究．北京：中国政法大学出版社，2000：84.

③ 李林，田禾．中国法治发展报告．北京：社会科学文献出版社，2013：220、226、231.

明化之所以对价值导向方法非常重要，是因为法官在裁判中体现的价值观念需要接受实践的检验。

第四，应当提升司法效率。随着社会的发展，涌向法院的案件增长逐年提速，带来对法官数量的需求，而根据董治良 2009 年的调查，法院内部，从事行政管理及其他工作的法官总人数比例一般在三分之一以上，个别法院接近二分之一，一线办案法官比例偏低，造成案件无人办或办不过来①。法院法官匮乏进而造成司法效率低下的这种状况，不仅会使法官办案压力增大，而且会使法官与一般民众的接触和互动减少，这对于价值导向方法的运用的影响在于不能保证法官的价值认知水平的提升，也会影响个案本身的效率要求。现实司法过程中，当事人甚至会因为司法效率的低下造成更大的伤害，这就根本无法实现价值导向方法的意义和功能。

第五，应当强调司法伦理。对国民来说，值得信赖的司法要公正、容易理解并能快速解决问题。② 如果法官收受贿赂，指令不清，思维含混，拖延马虎，而不能保持对正义的信仰和信念，那么法官的裁判只能是种傲慢的权力宣示而非人们寻求正义的最后场所。法官使用价值导向方法本意在于避免法官过度强调实证条文的诠释，造成机械司法，也在于避免错误的将价值判断认定为自由意志的发挥而提出的。陈长文认为中国仍在新的法律文化中重塑着新的法律价值观，现代重工面临着“价值空窗”期的困境③，因此应试思维下的法官裁判以及官僚政治传统的诸多流弊都在挑战司法伦理。所以，法官的伦理规范应比公务员标准更高，法官的伦理和法官的身份保障均是独立的司法部门以及被信赖的司法制度所能够存在的条件。

“我国《刑事诉讼法》确立的‘保障无罪的人不受刑事追究’的刑

① 董治良. 改革审判方式提高司法效率——关于提升司法效率的调研与思考. 法律适用，2009，8.

② ［日］森际康友. 司法伦理. 于晓琪，沈军，译. 北京：商务印书馆，2010：296.

③ 陈长文，罗智强. 法律人，你为什么不争气. 北京：法律出版社，2007：173.

事诉讼任务和诉讼法律规则，已与世界各国刑事诉讼‘保障人权’、‘人权至上’形成统一和共识。”①如果说法律规范和法律规范所蕴涵的价值取向是法官作出裁判的标准，那么法官的法律获得与法律规范之间的关系就成为法学方法论讨论的根本问题。由于具体案件的事实认定和法律选择都具有不确定性，因而根据法律宣示的价值标准势必要在司法活动中得到充分体现。这是因为，一旦司法人员按照其他价值标准选择事实而将这种事实当成法律事实，按照其他价值标准选择法律而将这些法律当成司法演绎推理的大前提，则会带来司法判决中的价值混乱。因为如果价值标准不一致，那么各方在各自立场上寻求意义实现的过程中必然会作出不同的价值判断。在司法活动中，如果存在这种情况，则必然会导致人们对不同价值判断下认定的法律事实和适用的法律规范有冲突，导致互不承认、互不接受，最终引起更多的社会冲突，制造更多的体制性问题。司法判决中的价值标准应当是法律领域内的标准，而且这个标准应当体现在司法过程和司法判决中，因为司法判决的根据是认定的法律事实和选择的法律规范，不考虑司法过程是不足以保证司法判决的可接受性的。

中国语境下的价值导向思考方法在法律适用过程中尽量客观与合理的方法，其预定的认知基础在于只有吻合与中国的历史文化、现实体制的发展，认清中国法律适用中的突出问题，尤其影响法治目标——秩序与正义实现的因素，方可以发展出价值导向思考所使用的方法。在价值论中提到，价值标准就是指主体人的客观需要和利益，它来自主体的本质、存在和内在结构规定性，来自人的生存和发展同整个世界的联系②。作为主体的内在尺度，价值标准与主体存在是直接同一的，是客观的。价值标准是主体性的而非主观性的，这一点是价值标准与评价标准的区别之处。评价标准是主观性的，存在真假之分。符合价值标准的评价标准是真的，不符合就是

① 周平．遏制刑事“冤假错案”顶层设计的法治思考．中国刑事法杂志，2013，10：73.

② 李德顺．价值论．北京：中国人民大学出版社，2007：259.

假的。一方面，我们可以乐观的认为价值标准客观存在而且可知；另一方面，我们又需要谨慎，不能将评价标准等同于价值标准。在司法活动中，法官必须依法进行司法活动；但是在具体个案面前，法官必须作出对案件的评价。制定法本身属于明示的价值观念，它反映价值标准但是不等于就是价值标准；同时法官的评价活动并非仅仅是将抽象性的制定法规则或原则简单扣在具体个案之中，而要进行审慎严密的具体化评价活动。作为价值标示的制定法为法官的裁判依据作出了限制，这一点是治理结构的必然要求，但法官作为评价主体，就必须正确认识价值论的基本原理，在个案的实践中作出正确的法律裁判。这就意味着法官必须根据司法过程的特点和需要，明确价值论原理、评价方法和论证方法。

价值导向思考保证了法本身的合理性。法律和法律实践是人类活动的一部分，因此必然在所有的环节浸入人的价值因素，这就是所谓法治下的人治因素①。现代社会里，一方面，人们逐渐放弃理想的客观唯心主义的思想，不再认为国家立法及司法机器能够确保永恒的法律思想与公平正义；另一方面，经济国际化以及跨国问题的解决要求法律思想的国际化以及各国与各洲建立最低限度的、共同的法律标准，因为只有取得共识的法律价值才能确保在生活领域的深刻变化中的和平。这种对于法律新认识使价值导向思考方法成为协调法律的普遍性和安定性必不可少的方法。

① 龙卫球. 评价法学的现代轨迹——评拉伦茨《法学方法论》. 法制资讯，2008，10.

结　语

我国法院体制改革的目标是建立适应发展社会生产力和民主政治需要的职能全面、权威独立、富有效率、充满活力、机构合理、人员精简、法官素质好、办案效率高、职责分明，适合我国国情的人民法院体制，是建成中国特色社会主义审判权力运行体系。

第一，法院体制改革要推进法院审判体制改革，建立以审判为中心的诉讼制度。改革力求防止一些案件在没有达到"案件事实清楚、证据确实充分"的法定要求时"带病"进入庭审。以审判为中心的诉讼制度改革的核心内容就在于正确处理法院与侦查机关、检察机关之间的关系。以审判为中心的诉讼制度改革对促进司法公正特别是刑事司法公正具有重要意义。以往的经验教训表明，只有刑事审判真正发挥其发现和纠正刑事侦查、起诉中的错误的功能，才能有效预防和避免冤假错案，以审判为中心的诉讼制度，也是刑事审判能够充分发挥其功能，对于司法公正的实现具有积极的重要作用，而且一审判为中心的诉讼制度比较符合现代司法中的趋势。唯有将庭审实质化，才能不断提升案件质量，确保司法公正，最大可能避免"冤假错案"。《人民法院第四个五年改革纲要(2014—2018)》明确规定："到2016年年底，推动建立以审判为中心的诉讼制度。"法庭审判承载着质证诉讼证据、查明案件事实、发表辩论意见、形成裁判理由等重要功能，是对司法诉讼规律的正确把握。

第二，执行问题一直是之约法院体制改革的重要一环，这个问题不仅仅是在中国，放眼世界范围，司法执行都是一个重要的课题，执行得当等于很好地维护了当事人的合法权益，有了判决但执行不当，对于司法判决的权威性是一个挑战，而且影响着社会稳定和经济建设的发展，影响着人民法院的尊严和荣誉。执行难问题的出现并不是一个淡出的问题，是内部和外部因素综合的结果，但是法院在执行过程总的一些问题确实导致执行难的关键环节，也是造成执行难的重要原因。要改变这一局面，须对法院的执行机构作合理调整，法院体制改革要改革法院执行体制，处理好审、执关系。

第三，作为司法责任制的重要内容，法官责任一直在法院体制和工作机制改革中占据着关键环节，如何在法官责任制方面做得更加合理，对于推动我国法院体制改革有着重要的推动作用。建立和完善法官责任制，能够有力推进人民法院各项改革措施的贯彻落实，是防范冤假错案、实现司法公正的重要举措。法院体制改革要完善主审法官、合议庭办案责任制，完善审判委员会工作机制。法院不能独立审判，外部干预以各种形式包括隐性形式出现，内部审判责任主体就不清晰。主审法官办案责任制、审委会制度的改革则是处理法院内部审判组织之间关系的应对措施；有利于将依法独立公正审判原则制度化。让审理者裁判，有裁判者负责是我国司法责任制的关键所在。

第四，法院体制改革要推行法官员额制改革，法官队伍应当是司法体系的精英，应当具备较高的专业素质和职业素养，提高法官准入门槛，有助于法官队伍的职业化推进。将法官职业化纳入到我国法院体制改革的整个计划中，不断规范我国法院体制利益格局，推动我国法官员额制的深入改革。

参考文献

一、著作类

(一)中文著作

[1]卞建林. 深化刑事司法改革的理论与实践. 北京：中国人民公安大学出版社，2010.

[2]蔡定剑. 历史与变革. 北京：中国政法大学出版社，1999.

[3]曾代伟. 中国法制史. 北京：法律出版社，2001.

[4]曾宪义. 中国法制史. 北京：北京大学出版社，2009.

[5]常怡. 民事诉讼法. 北京：中国政法大学出版社，2008.

[6]常怡. 外国民事诉讼法新发展. 北京：中国政法大学出版社，2009.

[7]陈爱武. 家事法院制度研究. 北京：北京大学出版社，2010.

[8]陈柏峰. 暴力与秩序——鄂南陈村的法律民族志. 北京：中国社会科学出版社，2011.

[9]陈刚. 中国民事诉讼法制百年进程(民国时期第一卷). 北京：中国法制出版社，2009.

[10]陈光中. 诉讼法理论与实践：司法理念与三大诉讼法修改. 北京：北京大学出版社，2006.

[11]陈光中. 诉讼法学新探. 北京：中国法制出版社，2000.

[12]陈光中. 中国司法制度的基础理论问题研究. 北京：经济科学出版社，2010.

[13]陈瑞华. 论法学研究方法. 北京：北京大学出版社，2009.

[14]陈瑞华. 问题与主义之间：刑事诉讼基本问题研究. 北京：中

国人民大学出版社，2008.
[15]陈舜. 权利及其维护. 北京：中国政法大学出版社，1999.
[16]陈业宏. 中外司法制度比较. 北京：商务印书馆，2000.
[17]程春明. 司法权及其配置：理论语境、中英法式样及国际趋势. 北京：中国法制出版社，2009.
[18]程汉大. 英国法制史. 济南：齐鲁书社，2001.
[19]程竹汝. 司法改革与政治发展. 北京：中国社会科学出版社，2001.
[20]慈继伟. 正义的两面. 北京：三联书店，2001.
[21]邓正来. 国家与市民社会. 北京：中央编译出版社，1999.
[22]董必武. 董必武政治法律文集. 北京：法律出版社，1986.
[23]董开军. 民事诉讼法修改重要问题研究. 厦门：厦门大学出版社，2011.
[24]杜宴林. 法律的人文主义解释. 北京：人民法院出版社，2005.
[25]樊崇义. 刑事诉讼法. 北京：中国政法大学出版社，2009.
[26]范愉. 多元化纠纷解决机制与和谐社会的构建. 北京：经济科学出版社，2011.
[27]范愉. 非诉讼纠纷解决机制研究. 北京：中国人民大学出版社，2000.
[28]费孝通. 乡土中国. 北京：北京大学出版社，1998.
[29]付海晏. 变动社会中的法律秩序. 武汉：华中师范大学出版社，2010.
[30]高鸿钧. 法治：理念与制度. 北京：中国政法大学出版社，2002.
[31]公丕祥. 法制现代化的理论逻辑. 北京：中国政法大学出版社，1999.
[32]龚祥瑞. 比较宪法与行政法. 北京：法律出版社，2002.
[33]顾培东. 社会冲突与诉讼机制. 成都：四川人民出版社，2004.
[34]郭姝. 中央与地方关系的司法调控研究. 北京：北京师范大学

出版社，2010.
[35]何怀宏. 良心论. 上海：三联书店，1998.
[36]何勤华. 德国法律发达史. 北京：法律出版社，2000.
[37]何勤华. 法国法律发达史. 北京：中国政法大学出版社，2001.
[38]何勤华. 西方法律思想史. 上海：复旦大学出版社，2009.
[39]何勤华. 中国法学史(上下). 北京：法律出版社，2000.
[40]何永军. 断裂与延续——人民法院建设(1978—2005). 北京：中国社会科学出版社，2008.
[41]贺日开. 司法权威与司法制度改革. 南京：南京师范大学出版社，2007.
[42]贺卫方. 司法的理念与制度. 北京：中国政法大学出版社，1998.
[43]侯猛. 中国最高人民法院研究——以司法的影响力切入. 北京：法律出版社，2007.
[44]侯欣一. 走向民主与法治的国度. 天津：天津人民出版社，2008.
[45]胡鞍钢. 全球化挑战中国. 北京：北京大学出版社，2002.
[46]胡辉华. 合理性问题. 广州：广东人民出版社，2000.
[47]胡伟. 司法政治. 香港：三联书店(香港)有限公司，1994.
[48]胡夏冰. 司法公正与司法改革研究综述. 北京：清华大学出版社，2001.
[49]黄文艺. 当代中国法律发展研究. 长春：吉林大学出版社，2000.
[50]季金华. 司法权威论. 济南：山东人民出版社，2004.
[51]季卫东. 法律程序的意义——对中国法制建设的另一种思考. 北京：中国法制出版社，2004.
[52]季卫东. 法治秩序的构建. 北京：中国政法大学出版社，1999.
[53]江伟. 民事诉讼法关键问题. 北京：中国人民大学出版社，2010.

[54] 姜明安. 行政法与行政诉讼法. 北京：北京大学出版社，2007.
[55] 解兴权. 通向正义之路. 北京：中国政法大学出版社，2000.
[56] 景汉朝. 中国司法改革策论. 北京：中国检察出版社，2002.
[57] 李步云. 宪法比较研究. 北京：法律出版社，1998.
[58] 李春雷. 中国近代刑事诉讼制度变革研究（1895—1928）. 北京：北京大学出版社，2004.
[59] 李栋. 通过司法控制权力——英格兰司法的成长. 北京：北京大学出版社，2011.
[60] 李贵连. 中国法律思想史. 北京：北京大学出版社，2010.
[61] 李联科. 价值哲学引论. 北京：商务印书馆，1999.
[62] 李林. 依法治国与深化司法体制改革. 北京：社会科学文献出版社，2008.
[63] 李启成. 晚清各级审判厅研究. 北京：北京大学出版社，2004.
[64] 李曙光. 转型法律学. 北京：中国政法大学出版社，2004.
[65] 厉以宁. 资本主义的起源. 北京：商务印书馆，2004.
[66] 梁治平. 法律的文化解释. 北京：三联书店，1994.
[67] 廖兴人. 中华民国现行司法制度（上下）. 台北：台湾黎明文化事业公司，1982.
[68] 廖中洪. 民事诉讼体制比较研究. 北京：中国检察出版社，2008.
[69] 林立. 法学方法论与德沃金. 北京：中国政法大学出版社，2002.
[70] 林莉红. 行政诉讼法问题专论. 武汉：武汉大学出版社，2010.
[71] 刘敏. 原理与制度：民事诉讼法修改研究. 北京：法律出版社，2009.
[72] 刘荣军. 程序保障的理论视角. 北京：法律出版社，1999.
[73] 刘树德. 司法改革的科学观：与德赛勒先生的法政漫谈. 北京：法律出版社，2010.

[74]刘正浩. 法律伦理学. 北京：北京大学出版社，2010.
[75]刘作翔. 法律文化理论. 北京：商务印书馆，1999.
[76]柳新元. 利益冲突与制度变迁. 武汉：武汉大学出版社，2002.
[77]龙宗智，杨建广. 刑事诉讼法. 北京：高等教育出版社，2004.
[78]龙宗智. 相对合理主义. 北京：中国政法大学出版社，1999.
[79]陆学艺. 当代中国社会流动. 北京：社会科学文献出版社，2004.
[80]罗洪洋. 法人类学的理论与实践. 北京：中国政法大学出版社，2013.
[81]马怀德. 行政诉讼制度的发展历程. 北京：北京大学出版社，2009.
[82]那思陆. 中国审判制度史. 上海：三联书店，2009.
[83]强世功. 法制与治理——国家转型中的法律. 北京：中国政法大学出版社，2008.
[84]强世功. 调解、法制与现代性：中国调解制度研究. 北京：中国法制出版社，2001.
[85]秦前红. 社会主义宪政研究. 济南：山东人民出版社，2008.
[86]邵明. 正当程序中的实现真实. 北京：法律出版社，2009.
[87]沈德咏. 中国特色社会主义司法制度论纲. 北京：人民法院出版社，2009.
[88]施鹏鹏. 陪审制研究. 北京：中国人民大学出版社，2008.
[89]宋冰. 程序、正义与现代化———外国法学家在华演讲录. 北京：中国政法大学出版社，1998.
[90]宋玉波. 民主政制比较研究. 北京：法律出版社，2001.
[91]苏力. 道路通向城市——转型中国的法治. 北京：法律出版社，2004.
[92]苏力. 法律和社会科学(第一辑、第二辑、第三辑、第四辑. 北京：法律出版社，2010.
[93]苏力. 法治及其本土资源. 北京：中国政法大学出版

社，1996.
[94]苏力. 送法下乡——中国基层司法制度研究. 北京：中国政法大学出版社，2000.
[95]孙立平. 转型与断裂——改革以来中国社会结构的变迁. 北京：清华大学出版社，2004.
[96]孙谦，郑成良. 有关国家司法改革的理念与经验. 北京：法律出版社，2002.
[97]孙正聿. 哲学通论. 沈阳：辽宁人民出版社，1998.
[98]汤维建. 民事诉讼法全面修改专题研究. 北京：北京大学出版社，2008.
[99]汤维建. 外国民事诉讼法学研究. 北京：中国人民大学出版社，2007.
[100]田平安. 民事诉讼法学改革开放三十年. 北京：法律出版社，2010.
[101]万光侠. 效率与公平. 北京：人民出版社，2000.
[102]汪庆华. 政治中的司法：中国行政诉讼的法律社会学考察. 北京：清华大学出版社，2011.
[103]王邦佐，等. 中国政党制度的社会生态分析. 上海：上海人民出版社，2000.
[104]王沪宁. 比较政治分析. 上海：上海人民出版社，1987.
[105]王沪宁. 政治的逻辑. 上海：上海人民出版社，1994.
[106]王家福. 人权与21世纪. 北京：中国法制出版社，2000.
[107]王甲乙. 民事诉讼法学新论. 台北：台湾三民书局，2002.
[108]王利明. 司法改革研究(修订本). 北京：法律出版社，2001.
[109]王列. 全球化与中国. 北京：中央编译出版社，1998.
[110]王路. 逻辑的观念. 北京：商务印书馆，2001.
[111]王亚新. 对抗与判定——日本民事诉讼的基本结构. 北京：清华大学出版社，2002.
[112]文兵. 价值多元与和谐社会. 北京：中国政法大学出版社，2007.
[113]吴爱英. 干部法律知识读本. 北京：法律出版社，2006.

[114]吴志攀，刘俊．中国法制建设研究．北京：中国人民大学出版社，2009.
[115]武树臣．判例制度研究．北京：人民法院出版社，2004.
[116]夏勇．走向权利的时代．北京：中国政法大学出版社，2000.
[117]肖国华．民事诉讼立法研讨与理论探索．北京：法律出版社，2008.
[118]谢冬慧．民事审判制度现代化研究．北京：法律出版社，2011.
[119]谢晖．价值重建与规范选择．济南：山东人民出版社，1998.
[120]徐国栋．民法基本原则解释．北京：中国政法大学出版社，2001.
[121]徐景和．中国判例制度研究．北京：中国检察出版社，2006.
[122]徐美君．司法制度比较：以英、美、德三国为主要考察对象．北京：中国人民公安大学出版社，2010.
[123]徐昕．论私力救济．北京：中国政法大学出版社，2005.
[124]徐昕．迈向社会和谐的纠纷解决．北京：中国检察出版社，2008.
[125]杨力．司法多边主义：以中国社会阶层化发展趋势为主线．北京：法律出版社，2010.
[126]姚建宗．法律与发展导论．长春：吉林大学出版社，1998.
[127]姚志坚．司法改革：诉讼便利化研究．北京：法律出版社，2008.
[128]叶孝信．中国法制史．北京：北京大学出版社，2002.
[129]叶自强．民事诉讼制度的变革．北京：法律出版社，2001.
[130]尹保云．什么是现代化．北京：人民出版社，2001.
[131]余涌．道德权利研究．北京：中央编译出版社，2001.
[132]俞可平．权利政治与公益政治．北京：社会科学文献出版社，2000.
[133]张爱球．现代社会中的诉讼功能．北京：中国人民公安大学出版社，2008.
[134]张宏生，谷春德．西方法律思想史．北京：北京大学出版

社，1990.
[135]张晋藩. 中国法律的传统与近代转型. 北京：法律出版社，2009.
[136]张俊杰. 当代俄罗斯法学思潮. 北京：法律出版社，2008.
[137]张乃根. 西方法哲学史纲. 北京：中国政法大学出版社，1997.
[138]张维迎. 市场的逻辑. 上海：上海人民出版社，2010.
[139]张卫平. 法国民事诉讼法导论. 北京：中国政法大学出版社，1997.
[140]张卫平. 民事程序法研究(第三辑、第五辑、第六辑). 厦门：厦门大学出版社，2011.
[141]张卫平. 司法改革论评(第一辑、第二辑、第三辑). 北京：中国法制出版社，2001.
[142]张卫平. 转换的逻辑：民事诉讼体制转型分析. 北京：法律出版社，2007.
[143]张卫平，等. 司法改革：分析与展开. 北京：法律出版社，2003.
[144]张文显. 二十世纪西方法哲学思潮研究. 北京：法律出版社，1996.
[145]张文显. 法理学. 北京：北京大学出版社，2007.
[146]张文显. 法律职业共同体研究. 北京：法律出版社，2003.
[147]张文显. 法学基本范畴研究. 北京：中国政法大学出版社，2001.
[148]张文显. 法哲学通论. 沈阳：辽宁人民出版社，2009.
[149]张文显. 张文显法学文选. 北京：法律出版社，2011.
[150]张希坡. 中国革命法制史. 北京：中国社会科学出版社，2007.
[151]张永和. 临潼信访：中国基层信访问题研究报告. 北京：人民出版社，2009.
[152]张友连. 最高人民法院公共政策创制功能研究. 北京：法律出版社，2010.

[153] 张志铭. 法律解释的操作分析. 北京：中国政法大学出版社，2000.
[154] 张琢. 发展社会学. 北京：中国社会科学出版社，2001.
[155] 章武生. 司法现代化与民事诉讼制度的建构. 北京：法律出版社，2000.
[156] 赵树坤. 社会冲突与法律控制：当代中国社会转型时期的法律秩序检讨. 北京：法律出版社，2008.
[157] 浙江省高级人民法院. 执行改革探索与实践. 北京：人民法院出版社，2001.
[158] 郑成良. 法律之内的正义. 北京：法律出版社，2002.
[159] 郑成良. 司法推理与法官思维. 北京：法律出版社，2010.
[160] 郑成良. 现代法理学. 长春：吉林大学出版社，1999.
[161] 郑秦. 清代司法审判制度研究. 长沙：湖南人民出版社，1988.
[162] 郑文先. 社会理解论. 武汉：武汉大学出版社，1998.
[163] 中国发展研究基金会. 追求公平的人类发展. 北京：中国对外翻译出版公司，2005.
[164] 中国社会科学院法学所民法教研室. 民事诉讼法参考资料(第一辑、第二辑). 北京：法律出版社，1981.
[165] 周道鸾. 外国法院组织与法官制度. 北京：人民法院出版社，2000.
[166] 周婧. 一种批判的法治理论：昂格尔对司法功能与方法的重构. 北京：法律出版社，2010.
[167] 周振超. 当代中国政府“条块关系”研究. 天津：天津人民出版社，2009.
[168] 朱景文. 当代西方后现代法学. 北京：法律出版社，2002.
[169] 朱立恒. 刑事审级制度研究. 北京：法律出版社，2008.
[170] 最高人民法院办公厅. 中华人民共和国最高人民法院公报. 北京：人民法院出版社，1985—2010.
[171] 最高人民法院办公厅. 中华人民共和国最高人民法院公报. 北京，人民法院出版社，2005.

[172]最高人民法院办公厅．中华人民共和国最高人民法院公报．北京：人民法院出版社，2004.
[173]最高人民法院办公厅．中华人民共和国最高人民法院公报．北京：人民法院出版社，2006.
[174]最高人民法院办公厅．中华人民共和国最高人民法院公报．北京：人民法院出版社，2007.
[175]最高人民法院办公厅．中华人民共和国最高人民法院公报．北京：人民法院出版社，2008.
[176]最高人民法院公报编辑部．中华人民共和国最高人民法院公报全集．北京：人民法院出版社，1995.
[177]最高人民法院行政庭．行政执法与行政审判参考(第1辑)．北京：法律出版社，2003.
[178]最高人民法院立案庭．立案工作指导(第2辑)．北京：人民法院出版社，2010.
[179]最高人民法院司法改革小组．英美德法四国司法制度概况．北京：人民法院出版社，2002.
[180]最高人民检察院研究室．民事诉讼法修改研究综述．长春：吉林人民出版社，2006.
[181]左为民．变迁与改革．北京：法律出版社，2000.
[182]左卫民．刑事诉讼的中国图景．北京：三联书店，2010.
[183]左卫民，等．最高法院研究．北京：法律出版社，2004.
[184]中国法律年鉴．北京：中国法律年鉴出版社，1993—2005.
[185]中国法律年鉴．北京：中国法律年鉴出版社，1993—2006.
[186]中国法律年鉴．北京：中国法律年鉴出版社，2000.

(二)中文译著

[1][美]博登海默．法理学——法哲学及其方法．邓正来，译．北京：华夏出版社，1987.
[2][美]罗尔斯．正义论．何怀宏，译．北京：中国社会科学出版社，1988.
[3][美]德沃金．认真对待权利．信春鹰，译．北京：中国大百科

全书出版社，1998.
[4][德]黑格尔. 法哲学原理. 贺麟，译. 北京：商务印书馆，1982.
[5][美]波斯纳. 法理学问题. 苏力，译. 北京：中国政法大学出版社，1994.
[6]布莱克维尔政治学百科全书. 邓正来，等，译. 北京：中国政法大学出版社，2002.
[7][日]棚濑孝雄. 纠纷的解决与审判制度. 王亚新，译. 北京：中国政法大学出版社，1994.
[8][日]川岛武宜. 现代化与法. 王志安，译. 北京：中国政法大学出版社，1994.
[9][美]诺内特. 转变中的法律与社会. 张志铭，译. 北京：中国政法大学出版社，1994.
[10][美]昂格尔. 现代社会中的法律. 吴玉章，译. 北京：中国政法大学出版社，1994.
[11][美]德沃金. 法律帝国. 李常青，译. 北京：中国大百科全书出版社，1996.
[12][德]拉德布鲁赫. 法学导论. 米健，译. 北京：中国大百科全书出版社，1997.
[13][德]柯武刚. 制度经济学. 韩春生，译. 北京：商务印书馆，2002.
[14][法]阿隆. 社会学主要思潮. 葛智强，等，译. 北京：华夏出版社，2000.
[15][德]恩吉施. 法律思维导论. 郑永流，译. 北京：法律出版社，2004.
[16][德]韦伯. 论经济与社会中的法律. 张乃根，译. 北京：中国大百科全书出版社，1998.
[17][英]哈耶克. 自由秩序原理. 邓正来，译. 北京：三联书店，1997.
[18][英]哈特. 法律的概念. 张文显，等，译. 北京：中国大百科全书出版社，1995.

[19][美]伯尔曼. 法律与革命. 贺卫方，等，译. 北京：中国大百科全书出版社，1993.
[20][英]麦考密克. 法律推理与法律理论. 姜峰，译. 北京：法律出版社，2005.
[21][美]汉密尔顿. 联邦党人文集. 程逢如，等，译. 北京：商务印书馆，1980.
[22][美]霍维茨. 沃伦法院对正义的追求. 信春鹰，译. 北京：中国政法大学出版社，2003.
[23][美]达玛什卡. 司法和国家权力的多种面孔. 郑戈，译. 中国政法大学出版社，2004.
[24][日]滋贺秀三. 明清时期的民事审判与民间契约. 王亚新，译. 北京：法律出版社，1998.
[25][日]小岛武司. 诉讼制度改革的法理与实证. 田平安，等，译. 北京：法律出版社，2001.
[26][法]托克维尔. 论美国的民主. 董良果，译. 北京：商务印书馆，1988.
[27][英]小岛武司. 司法制度的历史与未来. 汪祖兴，译. 北京：法律出版社，2000.
[28][日]棚濑孝雄. 现代日本的法和秩序. 易平，译. 北京：中国政法大学出版社，2002.
[29][法]达维. 英国法与法国法. 潘华仿，等，译. 北京：清华大学出版社，2002.
[30][古希腊]亚里士多德. 政治学. 吴寿彭，译. 北京：商务印书馆，1965.
[31][美]埃尔曼. 比较法律文化. 贺卫方，译. 北京：清华大学出版社，2002.
[32][美]伯顿. 法律的道路及其影响. 张芝梅，译. 北京：北京大学出版社，2005.
[33][法]孟德斯鸠. 论法的精神. 张雁深，译. 北京：商务印书馆，1961.
[34][美]康芒斯. 资本主义的法律基础. 寿勉成，译. 北京：商务

印书馆，2003.
[35][德]夏瑞春. 德国思想家论中国. 陈爱政，译. 南京：江苏人民出版社，1989.
[36][英]哈耶克. 法律、立法与自由. 邓正来，等，译. 北京：中国大百科全书出版社，2000.
[37][日]大木雅夫. 比较法. 范愉，译. 北京：法律出版社，1999.
[38][美]梅利曼. 大陆法系. 顾培东，译. 北京：法律出版社，2004.
[39][英]拉兹. 法律的权威. 朱峰，译. 北京：法律出版社，2005.
[40][英]梅特兰. 普通法的诉讼形式. 王云霞，等，译. 北京：商务印书馆，2010.
[41][英]丹宁. 法律的训诫. 杨百揆，等，译. 北京：群众出版社，1985.
[42][英]哈耶克. 自由秩序原理(上下). 邓正来，译. 北京：三联书店，1997.
[43][英]哈特. 法理学与哲学论文集. 支振锋，译. 北京：法律出版社，2005.
[44][荷兰]海塞林克. 新的欧洲法律文化. 魏磊杰，译. 北京：中国法制出版社，2010.
[45][德]茨威格特. 比较法总论. 潘汉典，等，译. 贵阳：贵州人民出版社，1992.
[46][美]亨廷顿. 变化社会中的政治秩序. 王冠华，等，译. 北京：三联书店，1989.
[47][美]庞德. 法律与道德. 陈林林，译. 北京：中国政法大学出版社，2003.
[48][美]维尔. 宪政与分权. 苏力，译. 北京：三联书店，1997.
[49][美]庞德. 普通法的精神. 唐前宏，等，译. 北京：法律出版社，2001.
[50][德]克斯勒. 马克斯·韦伯的生平、著述及影响. 郭锋，译.

北京：法律出版社，2000.
[51][奥]凯尔森. 共产主义的法律理论. 王名扬，译. 北京：中国法制出版社，2004.
[52][美]施瓦茨. 美国法律史. 王军，等，译. 北京：法律出版社，2011.
[53][美]沃森. 民法法系的演进及形成. 李静冰，译. 北京：中国政法大学出版社，1992.
[54][美]霍维茨. 美国法的变迁(1780—1860). 谢鸿飞，译. 北京：中国政法大学出版社，2004.
[55][英]戴雪. 英宪精义. 雷宾南，译. 北京：中国法制出版社，2001.
[56][英]斯坦. 西方社会的法律价值. 王献平，译. 北京：中国法制出版社，2004.
[57][美]卡多佐. 司法过程的性质. 苏力，译. 北京：商务印书馆，2000.
[58][美]庞德. 法律史解释. 邓正来，译. 北京：中国法制出版社，2002.
[59][美]伯尔曼. 法律与宗教. 梁治平，译. 上海：三联书店，1991.
[60][德]何意志. 法治的东方经验——中国法律文化导论. 李中华，译. 北京：北京大学出版社，2010.
[61][英]密尔松. 普通法的历史基础. 李显东，等，译. 北京：中国大百科全书出版社，1999.
[62][英]沃克. 牛津法律大辞典. 邓正来，等，译. 北京：法律出版社，1989.
[63][美]佩里. 择案而审. 傅郁林，译. 北京：中国政法大学出版社，2010.
[64][英]阿蒂亚. 英美法中的形式与实质. 金敏，译. 北京：中国政法大学出版社，2005.
[65][美]苏本. 美国民事诉讼的真谛. 蔡彦敏，等，译. 北京：法律出版社，2002.

[66][苏联]斯捷尔尼克. 苏维埃法院组织. 刘起志，译. 北京：中国人民大学出版社，1956.
[67]苏俄民事诉讼法典. 郑华，译. 北京：法律出版社，1955.
[68]苏俄民事诉讼法典. 中国人民大学苏联东欧研究所，译. 北京：法律出版社，1981.
[69][苏联]卡列夫. 苏维埃法院组织. 中国人民大学刑法教研室，译. 北京：法律出版社，1955.
[70][苏联]克列曼. 苏维埃民事诉讼. 王之相，译. 北京：法律出版社，1957.
[71]俄罗斯联邦民事诉讼法典. 黄道秀，译. 北京：中国人民公安大学出版社，2003.
[72]俄罗斯联邦刑事诉讼法典. 黄道秀，译. 北京：中国人民公安大学出版社，2006.
[73][德]克罗林庚. 德国民事诉讼法律与实务. 刘汉富，译. 北京：法律出版社，2000.
[74][德]罗森伯格. 证明责任论. 庄敬华，译. 北京：中国法制出版社，2002.
[75][德]马克思. 马克思恩格斯全集(第1卷). 中共中央马恩列斯著作编译局，译. 北京：人民出版社，1995.
[76][法]勒内·达维德. 当代主要法律体系. 漆竹生，译. 上海：译文出版社，1984.
[77][法]托克维尔. 论美国的民主(上卷). 董果良，译. 北京：商务印书馆，1998.
[78][美]H. W. 埃尔曼. 比较法律文化. 贺卫方，等，译. 北京：生活·读书·新知三联书店，1990.
[79][美]格伦顿，戈登，奥萨魁. 比较法律传统. 米健，等，译. 北京：中国政法大学出版社，1993.
[80][美]卡多佐. 司法过程的性质. 苏力，译. 北京：商务印书馆，1998.
[81][美]卡尔·卢埃林. 普通法传统. 陈绪刚，等，译. 北京：中国政法大学出版社，2002.

[82][美]罗杰·希尔斯曼. 美国如何治理的. 黄太鹤，译. 北京：商务印书馆，1986.
[83][美]罗斯科·庞德. 通过法律的社会控制. 沈宗灵，译. 北京：商务印书馆，1984.
[84][美]马丁·夏皮罗. 法院：比较法上和政治学上的分析. 张生，李彤，译. 北京：中国政法大学出版社，2005.
[85][美]麦克洛斯基. 美国最高法院. 任东来，等，译. 北京：中国政法大学出版社，2005.
[86][美]梅利曼. 大陆法系. 顾培东，等，译. 北京：法律出版社，2004.
[87][美]米尔伊安·R. 达玛什卡. 司法和国家权力的多种面孔. 郑戈，译. 北京：中国政法大学出版社，2004.
[88][美]乔纳森·H. 特纳. 社会学理论的结构. 邱泽奇，张茂元，等，译. 北京：华夏出版社，2006.
[89][美]施瓦茨. 美国最高法院史. 毕洪海，等，译. 北京：中国政法大学出版社，2005.
[90][美]唐·布莱克. 社会学视野中的司法. 郭星华，等，译. 北京：法律出版社，2002.
[91][美]威廷顿. 司法至上的政治基础：美国历史上的总统、最高法院及宪政领导权. 牛悦，译. 北京：北京大学出版社，2010.
[92][美]小卢卡斯·A. 鲍威. 沃伦法院与美国政治. 欧树军，译. 北京：中国政法大学出版社，2005.
[93][美]伊恩·罗伯逊. 社会学(上册). 黄育馥，译. 北京：商务印书馆，1994.
[94][美]约翰·亨利·梅利曼. 大陆法系. 顾培东，等，译. 北京：知识出版社，1984.
[95][美]约翰·亨利梅·利曼. 民法法系. 顾培东，禄正平，译. 北京：法律出版社，2004.
[96][美]詹姆斯·M. 伯恩斯，等. 民治政府. 陆正纶，等，译. 北京：中国社会科学出版社，1996.

[97][美]朱迪丝·N. 施莱克. 守法主义——法、道德和政治审判. 彭亚楠，译. 北京：中国政法大学出版社，2005.
[98][日]大木雅夫. 比较法. 范愉，译. 北京：法律出版社，1999.

(三)英文著作

[1]Asbjørn Eide, Gudmundur Alfredsson, Göran Melander, Lars Adam Rehof and Allan Rosas With the collaboration of Theresa Swinehart(eds.), The Universal Declaration of Human Rights: A Commentary, Scandinavian University Press, 1992.
[2]Henry Shue, Basic Rights, Princeton University Press, 1980.
[3]Matthew C. R. Craven, The International Covenant on Economic, Social, and Cultural Rights: a Perspective on its Development, Clarendon Press, 1995.
[4]Jaime Oraa, Human Rights in States of Emergency in International Law, Clarendon Press, 1992.
[5]Winston(ed.), Philosophy of human rights, Wadsworth Publishing House, 1988.
[6]Richard Rorty, "Human Rights, Rationality, and Sentimentality,"// Stephen Shute and Susan Hurley (eds.), On Human Rights: the Oxford Amnesty Lectures, New York: Basic Books, 1993.
[7]Jack Donnelly, The Concept of Human Rights, Croom Helm.
[8]Alan Gewirth, The Community of Rights, Chicago University, 1996.
[9]Alan Gewirth, the Basis and Content of Human Rights// Morton E. Winston (eds.), The Philosophy of Human Rights, Wadsworth Publishing House, 1988.
[10]David Bilchitz, Poverty and Fundamental Rights: the Justification and Enforcement of Socio-Economic Rights, Oxford University Press, 2007.
[11]Matthew C. R. Craven, The International Covenant on Economic,

Social, and Cultural Rights: a Perspective on its Development, Clarendon Press, 1995.

二、论文类

(一)报刊论文

[1]罗洪洋. 中西方法律文化中的利益观(权利观)比较研究. 贵州民族学院学报(社会科学版), 2000, 3.
[2]侯猛. 司法改革背景下的政法治理方式——基层政法委员会制度个案研究. 华东政法学院学报, 2003, 5.
[3]陈鸣. 最高院很生气, 国土厅很"淡定"——陕西国土厅抗法事件调查. 南方周末, 2010-08-05.
[4]常克义. 也谈司法体制改革. 中国律师, 1998, 7.
[5]董碧水. 浙江东阳市国土局被判败诉后不履行判决. 中国青年报, 2009-06-04.
[6]郜永昌, 刘克毅. 论案例指导制度的法律定位. 法律科学, 2008-04.
[7]贺日开. 司法终局性: 我国司法制度的缺失与完善. 法学, 2002, 12.
[8]杜豫苏, 赵旭忠. "司法之岛"与法制统一——社会管理创新中的中级人民法院职能探讨. 探索社会主义司法规律与完善民商事法律制度研究——全国法院第23届学术讨论会获奖论文集(上), 2011.
[9]胡杰, 陈乙生. 暴力抗法: 法治国家的祸害——湖南治理暴力抗法专项行动系列报道之一. 人民法院报, 2002-07-10.
[10]何海波. 行政诉讼撤诉考//法苑精萃编辑委员会. 中国行政法学精萃. 北京: 机械工业出版社, 2002.
[11]韩勇. 行政诉讼撤诉多的现象不容忽视. 山东审判, 1994, 6.
[12]黄家万等. 浅析行政诉讼案件的不当撤诉. 政治与法律, 1995, 2.
[13][美]J. 威尔逊. 功能分析介绍. 罗述勇, 译. 国外社会科学,

1986，10.
[14]蒋惠岭. 司法制度改革的目标. 人民司法，1995，1.
[15]蒋惠岭. 司法体制改革与国家政治结构. 人民司法，1995，2.
[16]蒋惠岭. 建立案例指导制度的几个具体问题. 法律适用，2004，5.
[17]江必新. 能动司法：依据、空间和限度——关于能动司法的若干思考和体会. 人民司法，2010，1.
[18]季卫东. 普法随谭. 清华法学(第10辑). 北京：清华大学出版社，2007.
[19]姜联润. 独具中国特色的判例. 人民法院报，2002-03-15.
[20]蒋人文，等. 司法工具主义功能观剖析. 广西大学学报(社科版)，2002，6.
[21]孔繁华. 法德英美四国行政诉讼性质比较考察. 环球法律评论，2010，2.
[22]龙宗智. 论司法改革中的相对合理主义. 中国社会科学，1999，2.
[23]龙宗智. "相对合理主义"及其局限性. 现代法学，2002，4.
[24]龙宗智. 关于"大调解"和"司法能动"的思考. 政法论坛，2009，4.
[25]李涛，王文燕. 司法功能的变迁及其在构建和谐社会背景下的因应选择. 安徽大学法律评论，2007，1.
[26]李海亮，罗文岚. 关于非正常撤诉行政案件的法律思考. 行政法学研究，1997，4.
[27]李林. 改革开放30年中国立法的主要经验//中国社会科学院法学研究所. 中国法治30年. 北京：社会科学文献出版社，2008.
[28]凌斌. 普法、法盲与法治. 法制与社会发展，2004，10.
[29]林晔晗. 东莞——"大立案"有细节". 人民法院报，2010-07-20.
[30]赖波军. F高级法院：司法运作与国家治理的嬗变. 四川大学学报，2006，3.

[31]刘作翔. 我国为什么要实行案例指导制度. 法律适用，2006，8.
[32]刘作翔，徐景和. 案例指导制度的理论基础. 法学研究，2006，3.
[33][德]马克思. 哥达纲领批判. 马克思恩格斯选集(第3卷). 北京：人民出版社，1972.
[34][美]R. B. 施莱辛格. 大陆法系的司法判例——两大法系判例拘束力之比较. 吴英姿，译. 法学译丛，1991，6.
[35]沈德咏. 在全国人民法院队伍建设工作会上的总结讲话，2009-04-30.
[36]沈德咏. 党的十六大为司法体制改革指明方向. 人民法院报，2002-11-12.
[37]苏力. 关于能动司法与大调解. 中国法学，2010，1.
[38]孙林生，刑淑艳. 行政诉讼以撤诉方式结案为什么居高不下——对365件撤诉行政案件的调查分析. 行政法学研究，1996，3.
[39]童兆洪. 司法权概念解读及功能探析. 中共中央党校学报，2004，2.
[40]汪世荣. 中国古代判例法制度. 判例与研究，1996，1.
[41]汪庆华. 中国行政诉讼：多中心的司法. 中外法学，2007，5.
[42]王恒，王伟. 司法的功能性. 法制与社会，2008，3.
[43]王飞鸿. 最高法院部署全国法院集中清理执行积案运动. 人民司法，1998，9.
[44]王学辉，邵长茂. 指导性案例在行政诉讼中的效力. 行政法学研究，2006，2.
[45]许章润. 中国的法治主义：背景分析(下). 法学，2009，5.
[46]陈国友. 从近代科学发展的几个史实看类推的方法论意义. 科技信息，2007，1.
[47]韩登池. 对我国民法类推适用之探讨. 韩山师范学院学报，2005，1.
[48]朱峰. 不同法治背景下的类推制度. 介绍与评论，2004，1.

[49]于海.“罪刑法定”原则与类推适用的理性思考. 法制与经济, 2007, 6.

[50]王晓. 法律类型理论和类推方式研究——以考夫曼类型理论为起点的认识论探究. 浙江学刊, 2009, 5.

[51]李凤梅. 法律拟制与法律类推: 以刑法规范为视角. 法学杂志, 2006, 1.

[52]胡静. 解读刑法中的类推. 知识经济, 2009, 2.

[53]焦宝乾. 法的发现与证立. 法学研究, 2005, 5.

[54]朱良好. 考夫曼类推理论论略. 北方法学, 2009, 2.

[55]吴丙新. 扩张解释与类推解释之界分——近代法治的一个美丽谎言. 当代法学, 2008, 6.

[56]周少华. 类推与刑法之“禁止类推”原则——一个方法论上的阐释. 法学研究, 2004, 5.

[57]黎宏.“禁止类推解释”之质疑. 法学评论, 2008, 5.

[58]李新钢. 类推何以在刑事司法和民事司法中被不同对待. 厦门大学法律评论(第12辑). 厦门: 厦门大学出版社, 2006: 72-77.

[59]张彪, 刘刚. 类推适用的法理分析. 广东交通职业技术学院学报, 2008, 1.

[60]屈茂辉. 类推适用的私法价值与司法运用. 法学研究, 2005, 1.

[61]梁亚州. 类推适用及其正当性. 中南财经政法大学研究生学报, 2008, 1.

[62]胡君. 类推适用与法律原则. 云梦学刊, 2009, 3.

[63]邓慧, 袁古洁. 类推适用与法律之其它阐释方法——关于法学方法论研究中若干问题的探讨. 学术界, 2008, 4.

[64]张洋. 类推在弥补法律漏洞中的适用. 河南公安高等专科学校学报, 2007, 1.

[65]冉飞. 类推在我国存在之合理性. 商业文化(学术版), 2007, 6.

[66]尚宪锋. 类推制度适用设计. 重庆邮电学院学报(社会科学

版)，2005，6.
[67]林帅. 两种“类推”，一处闲愁——刑法上“禁止类推”释惑. 青年科学，2009，6.
[68][日]关哲夫. 论禁止类推解释与刑法解释的界限. 王充，译. 刑事法评论，2007，1.
[69]熊伟. 论类推解释与扩大解释的合理界限. 时代经贸，2007，11.
[70]屈茂辉，张彪. 论类推适用的概念——以两大法系类推适用之比较为基础. 河北法学，2007，11.
[71]朱良好. 论诠释学视域下的类推理论——兼论考夫曼的“类推与事物本质”. 昆明理工大学学报·社科(法学)版，2008，9.
[72]李光懿，王雪. 论我国刑法中的类推制度. 云南警官学院学报，2005，3.
[73]陈光华，洪韬. 论物权法定原则与类推适用. 昆明理工大学学报·社科(法学)版，2007，3.
[74]魏治勋. 论现代法律思维的类推品格. 东岳论丛，2009，5.
[75]刘明祥. 论刑法学中的类推解释. 法学家，2008，2.
[76]江青松. 论语言类推的实现. 语文学刊，2003，3.
[77]郑厚勇. 论罪刑法定原则确定后的类推. 咸宁学院学报，2006，1.
[78]张晓光. 墨家的“类推”思想. 中国哲学史，2002，2.
[79]樊百乐. 普通法视野中的刑事类推与罪刑法定——以美国法为例. 刑事法评论，2006，1.
[80]张建军. 试论类推制度对罪刑法定原则的价值补充. 甘肃农业，2005，11.
[81]朱立恒. 我国类推制度重建初探. 湖北社会科学，2007，6.
[82]刘志远. 刑法解释的限度——合理的扩大解释与类推解释的区分. 国家检察官学院学报，2002，10.
[83]彭辅顺. 刑法解释方法与人权保障的实现——从类推解释、扩张解释、限制解释谈起. 政法论丛，2007，1.
[84]杜宇. 刑法上之“类推禁止”如何可能？——一个方法论上的

悬疑. 中外法学, 2006, 4.
[85]陈志军. 刑法司法解释应坚持反对类推解释原则. 中国人民公安大学学报(社会科学版), 2006, 2.
[86]胡东飞. 刑法中类推适用于扩大解释的界限. 社会科学, 2009, 6.
[87]沈琪. 刑事裁判中类推思维的作用及其运用——一种基于方法论意义的思考. 政法论坛, 2007, 6.
[88]许发民, 徐光华. 罪刑法定视野下的禁止类推之解读. 安徽大学法律评论, 2008, 1.
[89]林志伟. 罪刑法定视野下的刑法解释——从有利于被告人的类推说起. 信阳农业高等专科学校学报, 2009, 3.
[90]徐光华. 罪刑法定视野下刑法扩张解释的度——以扩张解释与类推解释的区分为视角. 河北法学, 2008, 6.
[91]宋昕. 罪刑法定与类推的博弈——从一起审判案例谈起. 北京人民警察学院学报, 2006, 6.
[92]叶泽有. 罪刑法定与类推制度. 中共杭州市委党校学报, 2006, 5.
[93]冯殿美, 王文娟. 罪刑法定原则: 视角转换与价值定位——兼论类推思维. 山东大学学报(哲学社会科学版), 2003, 6.
[94]张莉. 罪刑法定原则下类推解释的适用. 湖北职业技术学院学报, 2005, 1.
[95]王昭振. 类型思维: 刑法中规范构成要件要素存在的法理根据. 法制与社会发展, 2009, 1.
[96]李可. 类型思维及其法学方法论意义——以传统抽象思维作为参照. 金陵法律评论, 2003.
[97]何荣功. 论刑法扩张解释的根据、类型及适用. 中国刑事杂志, 2004, 4.
[98]刘士国. 类型化与民法解释. 法学研究, 2006, 6.
[99]刘克毅. 试论类比法律推理及其制度基础——以普通法的运作机制为例. 法商研究, 2005, 6.
[100]贾焕银. 类比推理与民间规范. 湖南公安高等专科学校学报,

2009，1.
[101]陈林林. 裁判上之类比推论辨析. 法制与社会发展，2007，4.

(二)网络论文

[1]王少南. 充分发挥审判职能受理和审结案件数量创历史新高. 中华人民共和国最高人民法院网，http://www.court.gov.cn/lh-zl/bgjd/201003/t20100312_2812.html，最后访问日期 2013-11-29.
[2]王利明. 司法改革与司法的现代化. 中国民商法律网，http://www.civillaw.com.cn/Article/default.asp? id=26261，最后访问日期 2014-11-29.
[3]吴邦国. 全国人民代表大会常务委员会工作报告(2011). 新华网，http://news.xinhuanet.com/politics/2011lh/2011-03/18/c_121203794.htm，最后访问日期 2013-12-20.
[4]沈阳市中级人民法院课题组. 建立案例指导制度的实证报告. 沈阳市中级人民法院网，http://syzy.chinacourt.org/public/detail.php? id=10619，最后访问日期 2014-11-29.
[5]冉小毅. "陇县模式"新时期人民法院的宝贵财富. 中国法院网，http://www.chinacourt.org/html/article/200904/25/354555.shtml，最后访问日期 2014-11-29.
[6]冉小毅. 司法对现实的回应之路径探索. 中国法院网，http://www.court.cn/html/article/200906/15/361028.shtml，最后访问日期 2014-11-29.
[7]刘岚，等. 一个年轻法院的辉煌崛起——东营经验启示录之一. 中国法院网，http://www.chinacourt.org/html/article/200904/28/354795.shtml，最后访问日期 2013-11-29.
[8]崔清新. 十年化茧为蝶的美丽蜕变——山东东营中院跃居全国优秀法院背后的故事. 中国法院网，http://www.chinacourt.org/html/article/200906/29/362981.shtml，最后访问日期 2013-11-29.

附表1　某市民事审判人力资源配置情况调查表

法院名称：　　　　　　　　统计人员：　　　　　　联系电话：

编号	统计事项	2009年	2010年	2011年	2012年	2013年
1	辖区面积(平方公里)					
2	辖区人口(万人)					
3	辖区 GDP(亿元)					
4	辖区财政收入(亿元)					
5	辖区人均收入(万元)					
6	收案数(件)					
7	结案数(件)					
8	法官总人数					
9	一线法官人数					
10	书记员总人数					
11	人民陪审员人数					
12	一线法官人均结案数					
13	一线法官最高办案数					
14	一线法官最低办案数					
15	收案案由数量					
16	结案案由数量					

续表

编号	统计事项	2009年	2010年	2011年	2012年	2013年
17	收案中数量最多的前五位案由以及各自案件数	( )	( )	( )	( )	( )
		( )	( )	( )	( )	( )
		( )	( )	( )	( )	( )
		( )	( )	( )	( )	( )
		( )	( )	( )	( )	( )
18	结案中数量最多的前五位案由以及各自案件数	( )	( )	( )	( )	( )
		( )	( )	( )	( )	( )
		( )	( )	( )	( )	( )
		( )	( )	( )	( )	( )
		( )	( )	( )	( )	( )
19	人民法庭数量					
20	民事审判庭数量					
21	调解率					
22	调解案件数					
23	撤诉率					
24	撤诉案件数					
25	判决率					
26	判决案件数					
27	上诉率					
28	上诉案件数					
29	重审率					
30	重审案件数					
31	简易程序适用率					
32	简易程序案件数					
33	速裁适用率					

续表

编号	统计事项	2009年	2010年	2011年	2012年	2013年
34	速裁案件数					
35	平均审理天数					
36	保全适用率					
37	保全案件数					
38	鉴定评估适用率					
39	鉴定评估案件数					
40	调查取证适用率					
41	调查取证案件数					
42	公告送达适用率					
43	公告送达案件数					

说明：1. 以上统计项目所涉“案件数”、“人数”仅指民事案件和民事审判有关人员。

2. 上述有关比率指标的分母为民事结案数。

3. “法官”指的是经过法定程序任命、具备审判资格的人员。